本册圖版新〇〇一三八〇六五號由故宫博物院提供，
上博一二號藏於上海博物館。

馬德　呂義　主編

敦煌草書寫本識粹

法華玄贊卷二

呂洞達　呂義　編著

社會科學文獻出版社
SOCIAL SCIENCES ACADEMIC PRESS (CHINA)

《敦煌草書寫本識粹》編委會

顧問：鄭汝中

編輯委員會（以姓氏筆畫爲序）：

王柳霏　呂　義　呂洞達　段　鵬　姚志薇　馬　德　馬高强　陳志遠

盛岩海　張　遠

總序

一九〇〇年，地處中國西北戈壁深山的敦煌莫高窟，封閉千年的藏經洞開啓，出土了數以萬計的敦煌寫本文獻。其中僅漢文文書就有近六萬件，而草書寫本則有四百多件二百餘種。同其他敦煌遺書一樣，由於歷史原因，這些草書寫本分散收藏於中國國家圖書館、英國國家圖書館、法國國家圖書館、故宫博物院、上海博物館、南京博物院、天津博物館、敦煌市博物館、日本書道博物館等院館。因此，同其他書體的敦煌寫本一樣，敦煌草書寫本也是一百二十年來世界範圍内的研究對象。

（一）

文字是對所有自然現象、社會發展的記載，是對人們之間語言交流的記録，人們在不同的環境和場合就使用不同的書體。敦煌寫本分寫經與文書兩大類，寫經基本爲楷書，文書多爲行書，而草書寫本多爲佛教經論的詮釋類文獻。

敦煌草書寫本大多屬於聽講記録和隨筆，係古代高僧對佛教經典的詮釋和注解，也有一部分抄寫本和佛典摘要類的學習筆記；寫卷所採用的書體基本爲今草，也有一些保存有濃厚的章草遺韻。

敦煌草書寫本雖然數量有限，但具有不凡的價值和意義。

首先是文獻學意義。敦煌草書寫本是佛教典籍中的寶貴資料，書寫於一千多年前的唐代，大多爲聽講筆記的孤本，僅存一份，無複本，也無傳世文獻相印證，均爲稀世珍品、連城罕物，具有極高的收藏價值、文物價值、研究價值。而一部分雖然有傳世本可鑒，但作爲最早的手抄本，保存了文獻的原始形態，對傳世本錯訛的校正作用顯而易見；更有一部分經過校勘和標注的草書寫本，成爲後世其他抄寫本的底本和範本。所以，敦煌草書寫本作爲最原始的第一手資料可發揮重要的校勘作用；同時作爲古代寫本，保存了諸多引人注目的古代異文，提供了豐富的文獻學和文化史等學科領域的重要信息。

其次是佛教史意義。作爲社會最基層的佛教宣傳活動的内容記録，以通俗的形式向全社會進行佛教的普及宣傳，深入社會，反映了中國大乘佛教的「入世」特色，是研究佛教的具體信仰形態的第一手資料。通過對敦煌草書寫本文獻的整理研究，可以窺視當時社會第一綫的佛教信仰形態，進而對古代敦煌以及中國佛教進行全方位的瞭解。

再次是社會史意義。多數草書寫本是對社會最基層的佛教宣傳活動的内容記録，所講内容緊貼社會生活，運用民間方言，結合風土民情，特别是大量利用中國歷史上的神話傳説和歷史故事來詮釋佛教義理，展現出宣講者淵博的學識和對中國傳統文化的認知。同時向世人展示佛教在社會發展進步中的歷史意義，進一步發揮佛教在維護社會穩定、促進社會發展方面的積極作用，也爲佛教在當今社會的傳播和發展提供歷史借鑒。另外有少數非佛典寫本，其社會意義則更加明顯。

最後是語言學的意義。隨聽隨記的草書寫本來源於活生生的佛教生活，内容大多爲對佛經的注解和釋義，將佛教經典中深奥的哲學理念以大衆化的語言進行演繹。作爲聽講記録文稿，書面語言與口頭語言混用，官方術語與民間方言共存；既有佛教術語，又有流行口語……是没有經過任何加工和處理的原始語言，保存了許多生動、自然的口語形態，展示了一般書面文獻所不具備的語言特色。

當然還有很重要的兩點，就是草書作品在文字學和書法史上的意義。其一，敦煌草書寫本使用了大量的異體字和俗體字，這些文字對考訂相關漢字的形體演變，建立文字譜系，具有重要的價值，爲文字學研究提供了豐富的原始資料。其二，草書作爲漢字的書寫體之一，簡化了漢字的寫法，是書寫進化的體現。敦煌寫本使用草書文字，結構合理，運筆流暢，書寫規範，書體標準，傳承有序；其中許多草書寫卷，堪稱中華書法寶庫中的頂級精品，許多字形不見於現今中外草書字典。這些書寫於千年之前的草書字，爲我們提供了大量的古代草書樣本，所展示的標準的草書文獻，對漢字草書的書寫和傳承有正軌和規範的作用，給各類專業人員提供完整準確的研習資料，爲深入研究和正確認識草書字體與書寫方法，解決當今書法界的很多争議，正本清源，提供了具體材料，從而有助於傳承中華民族優秀傳統文化。同時，一些合體字，如「𦬇」（菩薩）、「𦬈」（菩提），「卌」、「𠦃」或「关」（涅槃）等，個別的符代字如「煩々」（煩惱）等，可以看作速記符號的前身。

總之，敦煌草書寫本無論是在佛教文獻的整理研究領域，還是對書法藝術的學習研究，對中華民族優秀傳統文化的傳承和創新都具有深遠的歷史意義和重大的現實意義，因此亟須挖掘、整理和研究。

（二）

遺憾的是，敦煌遺書出土歷兩個甲子以來，在國内，無論是學界還是教界，大多數研究者專注於書寫較爲工整的楷書文獻，對於字迹較難辨認但内容更具文獻價值和社會意義的草書寫本則重視不够。以往的有關成果基本上散見於敦煌文獻圖録和各類書法集，多限於影印圖片，釋文極爲少見，研究則更少。這使草書寫本不但無法展現其内容和文獻的價值意義，對大多數的佛教文獻研究者來講仍然屬於「天書」；而且因爲没有釋文，不僅無法就敦煌草書佛典進行系統整理和研究，即使是在文字識别和書寫方面也造成許多誤導——作爲書法史文獻也未能得到正確的認識和運用。相反，曾有日本學者對部分敦煌草書佛典做過釋文，雖然每見訛誤，但收入近代大藏經而廣爲流傳。此景頗令國人汗顔。

敦煌文獻是我們的老祖宗留下來的文化瑰寶，中國學者理應在這方面做出自己的貢獻。三十多年前，不少中國學人因爲受「敦煌在中國，敦煌學在外國」的刺激走上敦煌研究之路。今天，中國的敦煌學已經走在世界前列，但是我們不得不承認，還有一些領域，學術界關注得仍然不够，比如説對敦煌草書文獻的整理研究。這對於中國學界和佛教界來説無疑具有强烈的刺激與激勵作用。因此，敦煌草書寫本的整理研究不僅可以填補國内的空白，而且在一定程度上仍然具有「誓雪國耻」的學術和社會背景。

爲此，在敦煌藏經洞文獻面世一百二十年之際，我們組織「敦煌草書寫本整理研究」項目組，計劃用八年左右的時間，對敦煌莫高窟藏經洞出土的四百多件二百餘種草書寫本進行全面系統的整理研究，内容包括對目前已知草書寫本的釋録、校注和内容、背景、草書文字等各方面的研究，以及相應的人才培養。這是一項龐大而繁雜的系統工程。「敦煌草書寫本識粹」即是這一項目的主要階段性成果。

（三）

「敦煌草書寫本識粹」從敦煌莫高窟藏經洞出土的四百多件二百餘種草書寫本中選取具有重要歷史文獻價值的八十種，分四輯編輯爲系列叢書八十册，每册按照統一的體例編寫，即分爲原卷原色圖版、釋讀與校勘和研究綜述三大部分。

寫本文獻編號與經名或文書名。編號爲目前國際通用的收藏單位流水號（因竪式排版，收藏單位略稱及序號均用漢字標識），如北敦爲中國國家圖書館藏品，斯爲英國國家圖書館藏品，伯爲法國國家圖書館藏品，故博爲故宫博物院藏品，上博爲上海博物館藏品，津博爲天津博物館（原天津市藝術博物館併入）藏品，南博爲南京博物院藏品等；卷名原有者襲之，缺者依内容擬定。對部分寫本中卷首與卷尾題名不同者，或根據主要内容擬定主題卷名，或據全部内容擬定綜述性卷名。

釋文和校注。竪式排版，採用敦煌草書寫本原件圖版與釋文、校注左右兩面對照的形式：展开後右面爲圖版頁，左面按原文分行竪排釋文，加以標點、斷句，並在相應位置排列校注文字。釋文按總行數順序標注。在校注中，爲保持文獻的完整性和便於專業研究，對部分在傳世大藏經中有相應文本者，或寫本爲原經文縮略或摘要本者，根據需要附上經文原文或提供信息鏈接；同時在寫本與傳世本的異文對照、對比方面，進行必要的注釋和説明，求正糾誤，去僞存真。因草書寫本多爲聽講隨記，故其中口語、方言使用較多，校注中儘量加以説明，包括對使用背景與社會風俗的解釋。另外，有一些草書寫本有兩個以上的寫卷（包括一定數量的殘片），還有的除草書外另有行書或楷書寫卷，在校釋中以選定的草書寫卷爲底本，以其他各卷互校互證。

研究綜述。對每卷做概括性的現狀描述，包括收藏單位、編號、保存現狀（首尾全、首全尾缺、尾缺、尾殘等）、寫本内容、時代、作者、抄寫者、流傳情况、現存情况等。在此基礎上，分内容分析、相關的歷史背景、獨特的文獻價值意義、書寫規律及其演變、書寫特色及其意義等問題，以歷史文獻和古籍整理爲主，綜合運用文字學、佛教學、歷史學、書法學等各種研究方法，對精選的敦煌草書寫本進行全面、深入、系統的研究，爲古籍文獻和佛教研究者提供翔實可靠的資料。另外，通過對草書文字的準確識讀，進一步對其中包含的佛教信仰、民俗風情、方言術語及其所反映的社會歷史背景等進行深入的闡述。

與草書寫本的整理研究同時，全面搜集和梳理所有敦煌寫本中的草書文字，編輯出版敦煌草書寫本字典，提供標準草書文字字形及書體，分析各自在敦煌草書寫本中的文字和文獻意義，藉此深入認識漢字的精髓，在中國傳統草書書法方面做到正本清源，又爲草書文字的學習和書寫提供準確、規範的樣本，傳承中華優秀傳統文化。在此基礎上，待條件成熟時，編輯「敦煌寫卷行草字典合輯」，也將作爲本項目的階段性成果列入出版計劃。

「敦煌草書寫本識粹」第一輯有幸得到二〇一八年國家出版基金的資助；蘭州大學敦煌學研究所將「敦煌草書文獻整理研究」列爲所內研究項目，並争取到學校和歷史文化學院相關研究項目經費的支持；部分工作列入馬德主持的國家社會科學基金重大項目「敦煌遺書數據庫建設」，並得到了適當資助，保證整理、研究和編纂工作的順利進行。

希望「敦煌草書寫本識粹」的出版，能够填補國內敦煌草書文獻研究的空白，開拓敦煌文獻與敦煌佛教研究的新領域，豐富對佛教古籍、中國佛教史、中國古代社會的研究。

由於編者水平有限，錯誤之處在所難免。我們殷切期望各位專家和廣大讀者的批評指正。同時，我們也將積極準備下一步整理研究敦煌草書文獻的工作，培養和壯大研究團隊，取得更多更好的成果。

是爲序。

馬德　吕義

二〇二一年六月

釋校凡例

一、本册釋校，以故宫博物院藏新〇〇一三八〇六五、上博一二爲底本，參校以國圖一四五四六，及《大正藏》（CBETA T34，NO. T1723）。引用的《法華經》經文，參校以原經文。底本，文中稱爲「唐本」；《法華經》，文中稱爲「經本」。

二、釋録時，對於筆畫清晰可辨，有可嚴格對應的楷化異體字者（與通用字構件不同），使用對應的楷化異體字；不能嚴格對應的（含筆畫增減、筆順不同等等），一般採用《漢語大字典》釐定的通用規範繁體字。

凡爲《歷代字書》所收有淵源的異體字、假借字，一般照録。

凡唐代官方認可並見於正楷寫卷及碑刻而與今簡化字相同者，有的即係古代正字（如万、无、与等），爲反映寫卷原貌，均原樣録出。

對「己、已、巳」常見易混字隨文義録出。凡俗字於其首次出現時加注。

三、録文一律使用校正後的文字和文本，並對原卷仍存的錯訛衍脱等情況進行校勘，在校記中加以説明。鑒於古人徵引文獻時隨文就義，標點時引號僅用於標示所引經義起訖或所引其他論疏。

四、對於寫卷中所用的佛教特殊用字，如上下疊用之合體字𦬇（菩薩）、𦬀（菩提），「卅」、「卌」或「夾」（涅槃），「𦼫」（菩提）、𦾄（薩埵）、蔢（薩婆）等，或符代字如「煩々」（煩惱）等，均以正字釋出。

五、對於前人已經識讀出的文本之異文與文字，在校注中加以說明。

目録

法華玄贊卷二釋校

一

或此同前歌神音曲，如次同彼。經「有四阿脩羅[二]王」至「眷屬

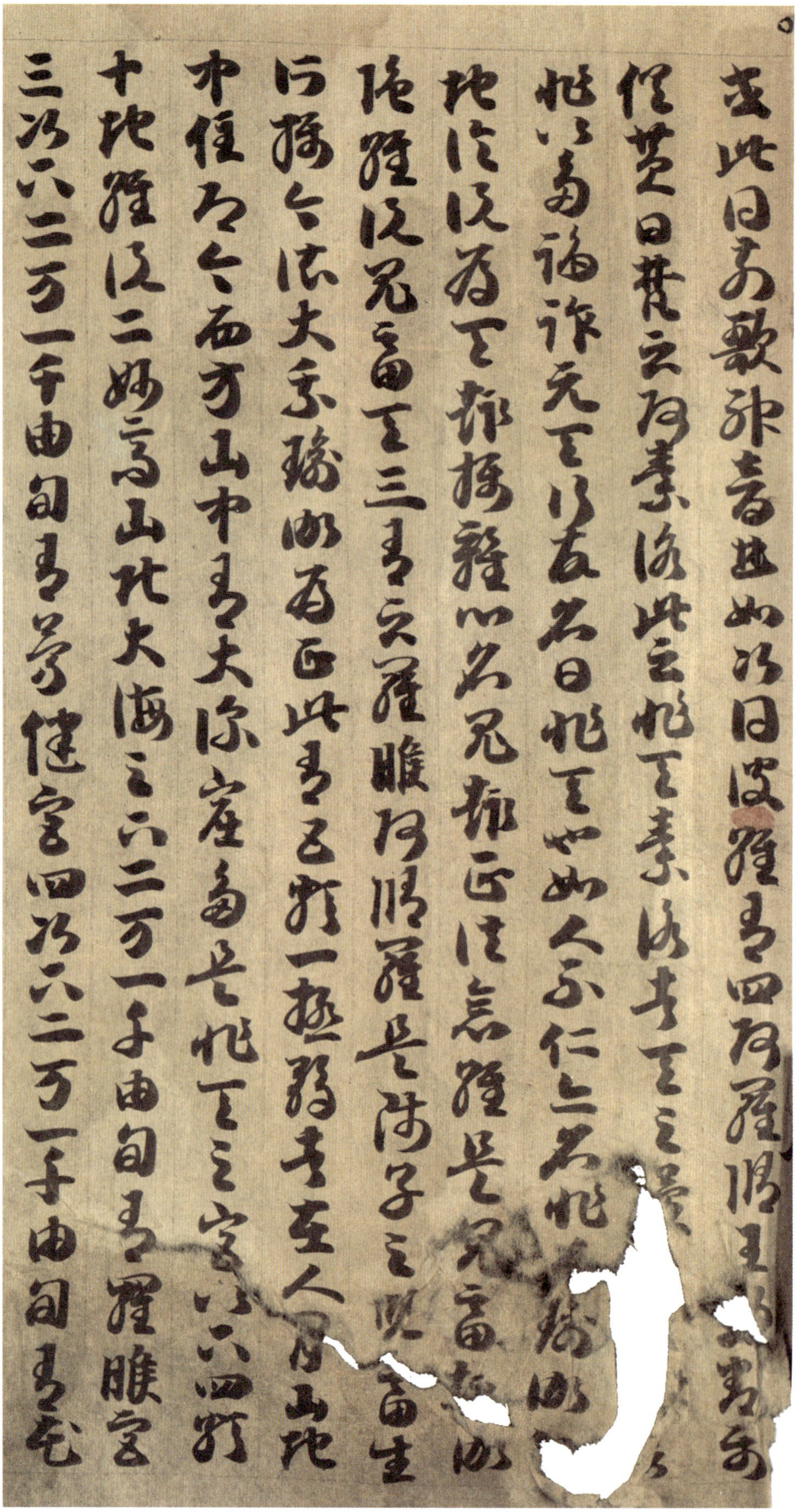

俱」。賛[二]曰：梵云阿素洛，此云非天。素[三]洛者，天之異名；阿之言[四]非，以多諂詐无[五]天行故名曰非天也[六]，如人不仁亦名非人[七]。《瑜伽》、《仏[八]地論》説爲[九]天趣攝，《雜心》名鬼趣，《正法念經》是鬼畜趣，《伽陁[一〇]經》説鬼畜天三。有云羅睺阿脩羅是師子之[一一]兒，畜生所攝。今依大乘《瑜伽》爲正。此有五類。一，極弱者在人間山[一二]地中住，即今西方山中有大深窟[一三]，多是非天之宫。以下四類《十地經》説。二，妙高山北大海之下二万一千由旬有羅睺宫。三，次下二万一千由旬有勇健宫。四，次下二万一千由旬有花[一四]

校注

【一】「脩羅」，唐本作「羅脩」，中有倒乙符。「脩」，《大正藏》作「修」，字同。【二】「賛」，《大正藏》作「贊」，字同。【三】「素」，《大正藏》作「索」。【四】「名阿之言」，原卷污損，依國圖本、《大正藏》釋録。【五】「无」，《大正藏》作「無」。【六】「也」，《大正藏》無。【七】「人」，原卷漫漶，依國圖本、《大正藏》釋録。【八】「仏」，原卷漫漶，依國圖本、《大正藏》釋録。「仏」，「佛」之古字。【九】「爲」，唐代碑刻及寫卷每亦作「為」。常見異體字有「爲」「为」「為」。【一〇】「陁」，《大正藏》作「陀」，字同。【一一】「之」，《大正藏》無。【一二】「山」下，國圖本有「林」。【一三】「窟」，國圖本作「密」。【一四】「花」，《大正藏》作「華」。

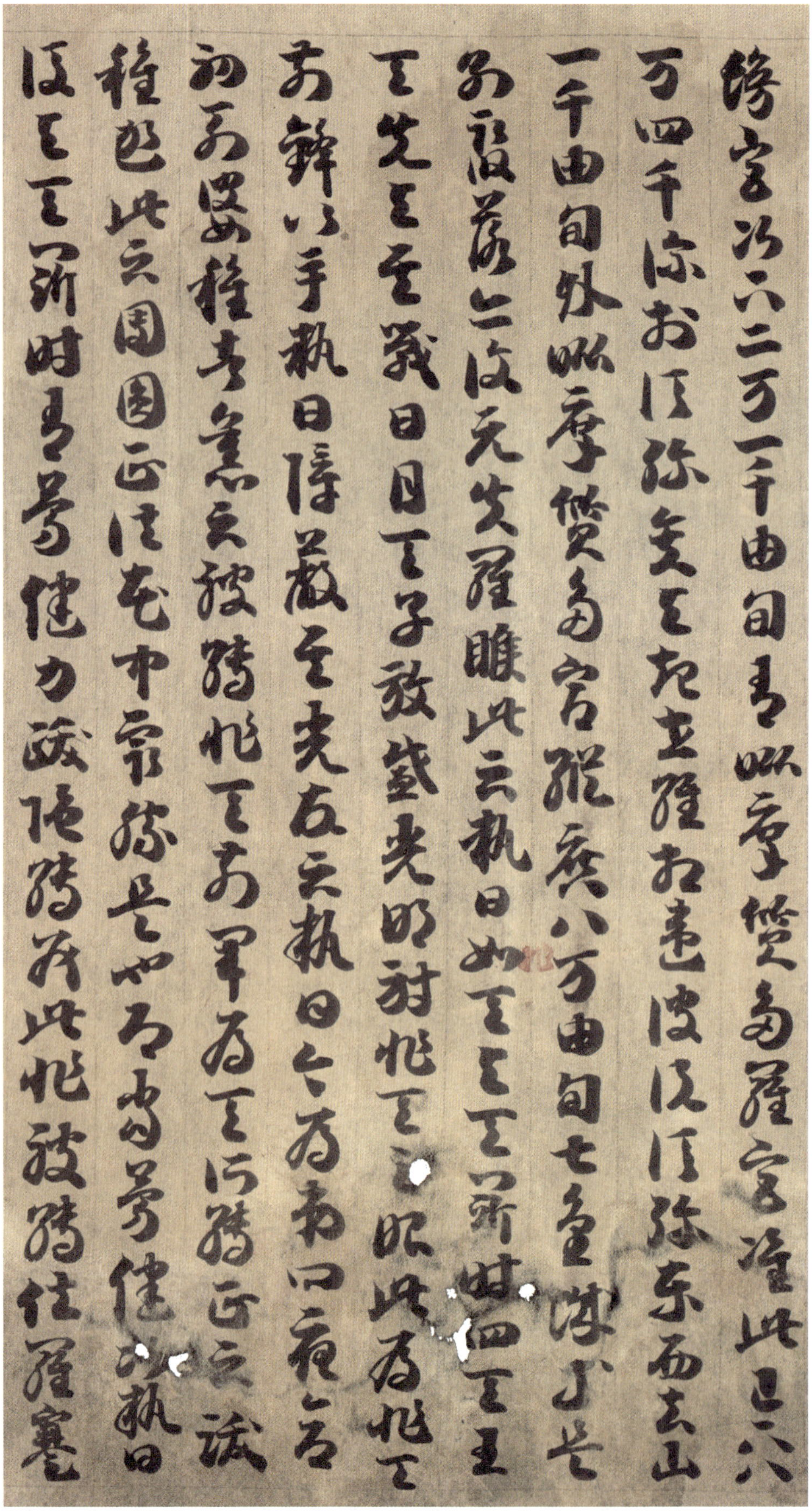

鬘[一]宫。次[二]下二万一千由旬有毗[三]摩質多羅宫。准此已下[四]八

万[五]四千深於須弥[六]矣，与[七]《起世經》相違，彼説須弥東西去山

一千由旬外[八]毗摩質多宮，縱廣八万由旬，七重城等是別聚落，亦復无失。羅睺此云執日，非[九]天与天鬭[一〇]時，四[一一]天王天先与其戰。日月天子放盛光明射非天之眼，此爲非天前鋒[一二]，以手執日障蔽其光，故云執日。今爲弟四應合[一三]，初列婆稚者，舊云被縛，非天前軍爲天所縛。正[一四]云跋稚迦[一五]，此云團圓，《正法花》中㝡[一六]勝是也[一七]，即當勇健。次執日後与天鬭[一八]時，有勇健力。跋[一九]陁縛義，此非被縛。「佉羅騫[二〇]

校注

【一】「鬘」，唐本作「⿱髟旁」。今見字符如下：「⿱髟旁、⿱髟旁、⿱髟旁」。【二】「次」上，國圖本、《大正藏》皆有「五」。【三】「毗」，《大正藏》作「毘」，字同。【四】「下」，國圖本作「上」。【五】「万」，《大正藏》作「萬」，字同。【六】「弥」，《大正藏》作「彌」，字同。【七】「与」，《大正藏》作「與」，字同。【八】「外」下，國圖本、《大正藏》皆有「有」。【九】「非」，唐本原作「如」，旁朱筆改作「非」。【一〇】「鬭」，國圖本作「鬫」；《大正藏》作「鬪」，字同。【一一】「四」上，《大正藏》有「將」。【一二】「前鋒」，國圖本作「前鉢」，《大正藏》作「箭鋒」。【一三】「合」，《大正藏》作「知」。【一四】「正」下，國圖本有「應」。【一五】「迦」下，國圖本有「羅」。【一六】「㝡」，《大正藏》作「最」，字同。【一七】「也」，《大正藏》無。【一八】「鬭」，國圖本、《大正藏》皆作「鬪」，字同。【一九】「跋」上，國圖本有「故」。【二〇】「騫」，國圖本作「謇」，《大正藏》作「鶱」。

馱舊佉塞陀云馱手耆呼古云廣肩胛那見更大海
男使以肩毛勝是梵云吠摩質呾利此云綵畫文
至手支云寶錦用綺至舊云毗摩質多羅訛也此有
京大帝釋之婦名舍支之父從此因緣如宗不能說羅
有四迦樓羅王者案經曰梵云揭路荼此云妙翅
鳥翅羽具妙不唯金故舊云迦樓羅翻爲金翅鳥訛
訛謬也增一阿含經佛告諸比丘有四生妙翅鳥謂卵胎濕
化有四生龍亦卵胎濕化比丘當知若卵生鳥之欲食龍
時上鐵叉樹自投於海是時此鳥以翅搏水水乃兩向分爲
取卵生龍生者食之設其取胎生龍身鳥乃喪亡如是

「馱」者，佉蹇[一]皆去〔聲〕[二]，馱平聲呼，古云廣肩髆，形皃[三]更大，次勇健後，當[四]花鬘是。梵云吠摩質呾利，此云綺畫[五]，以[六]文其身，或云寶錦[七]用冦[八]其服。經[九]云「毗摩質多羅」，訛也。此爲㝡大天帝[一〇]釋之婦公舍支之父，說此因緣如《宗輪疏》。經「有四[一一]迦樓羅王」至「眷屬俱」。賛曰：梵云揭路茶，此云妙翅鳥，翅[一二]羽色妙不唯[一三]金故。舊云，迦樓羅翻爲金翅鳥，皆訛謬也。《增一阿含》說：「仏告諸比丘：有四生妙翅鳥，謂卵、胎、濕、化。有四生龍亦卵、胎、濕、化。比丘當知，若卵生鳥欲食龍時，上鐵叉樹自投於海，是時此鳥以翅闢水令兩向分，而取卵生龍出而食之。設欲取胎生龍等，鳥即䘮[一四]亡。如是

校注

【一】「蹇」，國圖本、《大正藏》皆作「騫」。【二】「聲」，唐本無，據國圖本、《大正藏》補。【三】「皃」，國圖本作「皀」。《大正藏》作「貌」，字同。【四】「當」，國圖本似「常」。【五】「畫」，釋從《大正藏》，然國圖本字形似「晝」。【六】「以」，《大正藏》作「明」。【七】「錦」，國圖本作「飾」。【八】「冦」，同「冠」，見魏碑《楊大眼造像記》。【九】「經」，唐本右旁補。國圖本、《大正藏》皆無「經」。【一〇】「帝」，國圖本無。【一一】「四」，國圖本無。【一二】「翅」，國圖本、《大正藏》皆無。【一三】「唯」下，《大正藏》有「全」。【一四】「䘮」，「罢」之變體，字同「喪」。

胎生為唯含胎卵生故濕生為含三生故於化故
生說之含者為濕寬三化生為能含四生故說受
故身為多化者是妙類為不能含嚴何以者同如來位
以蠢忠喜攝四方之心是四方以盡大勤力盡大勇猛不
可阻懷有妙類為不能含之有情似立當以四方之心今此
以東西四生為今二云大鐵法者情說佛有無數無大
之身為類如來三百卅六萬至大滿獲恒含飽如意實六
者殊勝來說常子長者所作慧日此久王眾以從此王
故從清有獨尊之梵云吠瑟四那哩為古云毘摩子今云
吠是孫所毘紐天等乃索那羅河之名從那毘河馬聲中

二九 胎生鳥唯食胎、卵[一]生龍；濕生鳥食前三生龍，於化生
三〇 龍[二]，設欲食者鳥便[三]喪亡。化生鳥能食四生龍。設使
三一 龍身而事仏者，是妙翅鳥不能食噉。所以者何？如來恒
三二 行慈、悲、喜、捨四等之心，是四等心有大筋力、有大勇猛，不
三三 可阻壞[四]，故妙翅鳥不能食之。故諸比丘當[五]行四等之心。」今此
三四 次弟即四生鳥。今[六]亦云大威德[七]者，諸龍怖故威德廣大，
三五 大身兩翅相去三百卅[八]六万里，大滿腹恒食飽，如意領[九]下
三六 有珠。經「韋提希子」至「眷屬俱」。贊曰：此人王衆[一〇]，以[一一]住此王
三七 城說法故，獨標之。梵云吠題呬弗呾多，古云思惟子，今云
三八 吠是勝義，題呬云身，即東毗提訶[一二]之名。彼毗題[一三]訶男聲中

校注

【一】「卵」下，《大正藏》有「二」。【二】「生龍」，唐本作「龍生」，中有倒乙符。【三】「便」，《大正藏》作「即」。【四】「壞」，國圖本字形似「懷」。【五】「當」，國圖本作「常」。【六】「今」，國圖本、《大正藏》皆無。【七】「德」，唐人小楷寫卷每作「德」，字同。【八】「卅」，國圖本、《大正藏》皆作「三十」。【九】「領」，國圖本字形似「領」。【一〇】「衆」，《大正藏》作「眾」，字同。【一一】「以」上，《大正藏》有「佛」。【一二】「訶」，國圖本字形似「阿」。【一三】「題」，《大正藏》作「提」。

呼此歎息四女於中呼呼此是山名亦是彼山中所有花彼乃得
因以為名者常說世梵云阿闍多設咄路此云未生怨
阿闍王說世未生已害已殺怨友亦名折指由造逆業即
小乘經懺悔已後於入拍毬地獄後得獨覺果菩薩云
闍王不悉逆者當要本月七日當墮地獄中大衆聞懺悔已
後不墮地獄又言經云懺悔已後得業所恐以兩孫為友
云第拯第子阿闍世王如菩薩罪除至勇甲羅為禮佛足已退
坐一面贊曰下衆中第二明王依機為家情除為禮佛已方受
正法退坐一面羅示附王等衆等童漢翻贊曰下衆生子於中次

呼，此吠題呬[一]女聲中呼。此是山名，亦是彼山中神名，從彼乞得因以爲名。「韋提希[二]」，訛也。梵云阿杜[三]多設咄路，此云未生怨[四]「阿闍世」訛也，未生已[五]前已結怨故，亦名折指[六]，由造逆[七]業，聞小乘經[八]懺悔已後，猶墮拍毱[九]地獄，復[一〇]得獨覺果。《涅槃經》云：「闍王不遇耆婆，來月七日當墮地獄，聞大乘經懺悔已後不墮地獄。」又有經云，懺悔已後得柔順忍。以母摽[一一]名，故言韋提希子阿闍世王。如《涅槃經》[一二]具陳其事。經「各礼仏足退坐一面」。賛曰：列衆中弟二明其儀軌[一三]。尊敬情深，各礼仏足方受正法退坐一面。經「尒[一四]時世尊」至「尊重讃[一五]歎」。賛曰：衆成就中文

校注

【一】「呬」下，國圖本有「是」。【二】「希」，國圖本無。【三】「杜」，《大正藏》作「社」。【四】「怨」，《大正藏》作「怨」，字同。【五】「已」，《大正藏》作「以」。【六】「指」，唐本右部「旨」作「盲」，字同。【七】「逆」，《大正藏》作「逆」，字同。【八】「經」，唐本原作「維」，校改作「經」。【九】「毱」，唐本「匊」部原作「白」，後朱筆改作「匊」。【一〇】「復」，國圖本、《大正藏》皆作「後」。【一一】「摽」，《大正藏》作「標」，古通。【一二】「經」下，國圖本、《大正藏》皆有「等」。【一三】「軌」，唐本作「軏」或「軓」，字皆同。【一四】「尒」，《大正藏》作「爾」，字同。【一五】「讃」，《大正藏》作「讚」，字同。

明為二上來五乘此明佛所說依於法乘非中有四上已釋
三此為第四一乘者古云摩訶般若羅多此復有二至二至
之諸人中上首友顯法云一乘譬乘在生死中二若以乘如
鶖子諸菩薩三請其三當證乘宗教悟法四證證乘時來
悟法證復因證又有四行教中并行究竟二乘古人錄
有多種諸此復文又敘四乘佛之位之在傍實安塞傍實安
真為四周迴日園生通種種金對川為作有法覺無異
明謹日恭崇卿日承之者日為之除日至於理談美日蓮
於有諸法日新於法有四一乘園種二五復三作其集有
四為金蓮新於脈種日此種之中有五復於人種夜云

段[一]爲二：上來列衆，此明仏所威儀。論解衆[二]成〔就〕[三]中有四，上已解三，此爲弟四。「四衆」者，古云摩[四]、梵、沙門、婆羅門，此説色欲二天之勝、人中上首。故顗[五]師云：一影響衆，在坐[六]默然；二發教[七]衆，如鶖子[八]弥勒三請是；三當機衆，稟教悟解；四結緣衆，時未悟解結後因緣。又有四[九]，謂聲聞、菩薩，并[一〇]客、舊二衆。古人疏有多義，然此後文。又觀四衆比丘、比丘尼、優婆塞、優婆夷爲四，周迴曰圍，坐遍[一一]稱繞，進財行爲供，有攝資名養，脩謹[一二]曰恭，崇仰曰敬，敬甚曰尊，尊深曰重，於[一三]理談美曰讚，觸事諭德曰歎。論解有四：一衆圍繞，二前後，三供養恭敬，四尊重讚歎。論㬰經同，此經之中少前後義，今准應言。

校注

【一】「段」，國圖本作「分」。【二】「衆」下，國圖本另有「衆」。【三】「就」，唐本無，據國圖本、《大正藏》補。【四】「摩」，國圖本、《大正藏》皆作「魔」。【五】「顗」，國圖本作「疑」。【六】「坐」，國圖本、《大正藏》皆作「座」。【七】「教」，唐本殘損，國圖本、《大正藏》皆作「教」，從之。【八】「子」下，國圖本有「与」，《大正藏》有「與」。【九】「四」下，《大正藏》有「衆」。【一〇】「并」，國圖本作「𠀤」，《大正藏》作「並」。【一一】「遍」，《大正藏》作「匝」。【一二】「脩謹」，國圖本作「隨漢」。【一三】「於」，國圖本、《大正藏》皆作「是」。

尔时世尊為法四衆而說圍遶供養恭敬尊重讚歎
文才冥之至而說者名足佛所至而為之說法而以面向
為而所示白為說望一之人法事而說示以方受為說也
薩為法𦬇至佛所請意曼日此乃第三如來之言說法時
量其況頌事三義一依人先為法𦬇說大乘經名無量義
說為教中方說一乘二依利生以一乘利他教理化根熟𦬇
說以一乘自利以等方化利根迴向教中三依法先讀法經
說讀切能反說說法花已而先說無量義名為時至大乘
經者此是通名句講是別名十二門法六義名大乘一生三乘
二佛常大此乘能具三佛之所乘四能成大事至大利乘已
歎書等大士所乘六能起清法源底釋大乘只上乘上天

尔時世尊爲諸四衆前後圍繞，供養恭敬尊重，讃歎文方具足。其前後者，各[一]見仏對其前爲之說法，即以面向爲前，所不向爲後，望一一人皆有前後，不以身[二]處爲前後也[三]。

經「爲諸菩薩」至「仏所護念」。賛曰：此即弟三如來欲說法時至成就。略有三義。一依人，先爲諸[四]菩薩說大乘經，名「无量義」，後爲聲聞方說一乘。二依利，先以一乘利他教理化根熟菩薩，後以一乘自利行果方化初根迴心聲聞。三依法，先談法體後談㓛[五]能，故復[六]說《法花》已前先說《无量義》，名爲時至。「大乘經」者，此是通句，餘是別句。《十二門論》六義名大乘：一出二乘，二仏寂大此乘能至，三仏之所乘，四能威[七]大苦与大利樂，五觀音等大士所乘，六能盡諸法源底。《攝大乘》云「亦乘亦大

校注

【一】「各」，國圖本作「名」。【二】「身」，國圖本、《大正藏》皆作「方」。【三】「也」，國圖本無。【四】「諸」，國圖本、《大正藏》皆無。

【五】「㓛」，「功」之俗字。字形見於漢隸、魏碑、唐楷。【六】「復」，國圖本無，《大正藏》作「未」。【七】「威」，國圖本作「滅」，《大正藏》作「滅」，字同。

故名大乘者方乃是處乘大性故名大乘者實如是乘是
蓮華无著童顯發起從及七種大名隆步多殊々對
法第一同對法云者此乘性由々七種大性共相應故名
為大乘一境大性以菩薩緣百千教為所緣故名法
大二行大性正二利故彼名心大三智大性了二无我故彼
名信解大四精進大性三大阿僧企耶修習百千難行々
故彼名淨心大五方便善巧大性由智悲不住生死及
涅槃故彼名資糧大六證得大性成就十力四无所畏等
諸功德故彼名果報大七業大性窮生死際建佛事故名
為大乘彼名時大乘雖根本者其如理是无相故々緣揚
日緣揚雖云一乘者大々乘々者佛々性々者菩薩乘速通万

故名大乘」，即万行是，或乘大性故名大乘，即真如是，乘是[一]運[二]義。无著《金剛般若論》説七種大，名雖少別，義与對法弟[三]一同[四]。對法云「即此乘性由与七種大性共相應故名爲大乘」。一境大性，以菩薩道緣百千教爲所緣故，彼名法大。二行大性，具二利故，彼名心大。三智大性，了二无我故，彼名信解大。四精進大性，三大阿僧企耶脩習百千難行行故，彼名浄心大。五方便善巧大性，由具智悲不住生死及涅槃故，彼名資糧大。六證得大性，成就十力四无所[五]畏等諸功德故，彼名果報大。七業大性，窮生死際建[六]仏事故，名爲大乘，彼名時大。乘[七]體根本即真如理，是无相故，与《勝鬘》同。《勝鬘經》云：「一乘即大乘，大乘即仏性，仏性即涅槃界」，末[八]通万

校注

【一】「是」，國圖本、《大正藏》皆無。【二】「運」下，國圖本、《大正藏》皆有「載」。【三】「弟」下，國圖本、《大正藏》皆有「十」。「弟」，古「第」字。【四】「同」，唐本塗去一字，旁寫「同」。【五】「所」，《大正藏》無。【六】「建」下，《大正藏》有「立」。【七】「乘」，唐本原作「末」，淡墨校改作「乘」。國圖本作「乘乘」。【八】「末」旁，唐本淡墨書「乘」。國圖本、《大正藏》皆無。

以亡乘亡二大號通名為故是一乘義者聖所求此為趣
句名無量義者三句是何經大乘經不名正法花中唯言
二句法源經有十七名正言法華文有云為諸菩薩說大乘經
名無量義宗緣經與大乘方廣教菩薩法佛所護念諸佛
秘法諸佛密處能生諸佛道場法輪堅固舍利善巧
方便宣說一乘第一義住妙法蓮花最上法門此經云無量
義者實說字義故以此法門經說七宗妙境界法故七宗
妙境界者謂佛宗緣之境界故能詮教法經說義故教
亡二無量由此字教及所詮義法名無之量之義經云以諸衆
生性是之無量故至所說法亡二無量法無量故義亡二無量

八〇 行亦乘亦大[一]。體，通有爲故，至一乘章當具顯示。此爲揔[二]
八一 句，「名无量義」等三句，是所説大乘經别名，《正法花》中唯有
八二 二句，論牒經有十七名，正合論文應云，爲諸菩薩説大乘經，
八三 名无量義、㝡勝經典、大乘方廣、教菩薩法、仏所護念、諸仏
八四 秘法、德藏、密處、能生諸仏、道場、法輪[三]、堅固舍利、善巧[四]
八五 方便、宣説[五]一乘、弟一義處、妙法蓮花、㝡上法門。論云：「一无量
八六 義者，成就字、義故，以此法門説彼甚深妙境界法故，甚[六]深
八七 妙境界者[七]即仏㝡勝之境界故，能詮教法説彼義故，教
八八 亦无量，由此字教及所詮義皆名无量。」《无量義經》云：「以諸衆
八九 生性欲无量，故其所説法亦无量，法无量故義亦无量，

校注

【一】「大」下，國圖本、《大正藏》皆有「七大性」。【二】「揔」，《大正藏》作「總」，字同。【三】「德藏、密處、道場、法輪」四句上，《大正藏》皆有「諸佛」。「場」，《大正藏》作「塲」，字同。【四】「巧」，《大正藏》無。【五】「説」下，《大正藏》有「巧」。【六】「甚」，國圖本、《大正藏》皆無。【七】「者」，國圖本、《大正藏》皆無。

故无量義者從一法生其一法者即是无相如是无相无相不相
名為實相菩薩摩訶薩安住如是真實相已所發慈悲明
諦不虛於眾生所真能拔苦苦既拔已復為說法令諸
眾生受於快樂善男子菩薩若能如是修一法門无量義者
必得疾成无上菩提善男子譬如一種子生百千萬百千萬
中一一復生百千萬數如是展轉乃至无量此經其者
之法如是從於一法生百千百千萬中一一復生百千萬
數如是展轉乃至无量无邊之義是故此經名无量
義能令菩薩修行生數經名為无量无量之經名實懷
經能詮之詮之說字義及二宗總經共此於三義中宗

義无量者從一法生，其一法者即是无相。如是无相，无相不相[一]，名爲實相，菩薩摩訶薩安住如是真實相已，所發慈悲，明諦不虛，於衆生所真能拔[二]苦，苦既拔已復爲説法，令諸衆生受於快樂。善男子！菩薩若能如是脩一法門无量義者，必得疾成无上菩提。善男子！譬如一種子[三]生百千万，百千万中一一復生百千万數，如是展轉乃至无量。此經典者亦復如是。從於一法生百千義，百千義中一一復生百千万數，如是展轉乃至无量无邊之義，是故此經名无量義。」論不唯取所生教理名爲无量，无量之體即真智境。體能成就，成就彼字、義故。二寂勝經典，此於三藏中寂

校注

【一】「相」下，國圖本、《大正藏》皆有「無相不相」。【二】「拔」，唐本、國圖本右上有撇，此形始於《隸辨》。【三】「子」下，《大正藏》有「能」。

緣妙藏故三大乘方廣無量大乘法門隨大乘衆生根
攝之法此經是無住持等就故四教菩薩法為化根熟菩薩
隨彼法器為說等就示化二乘等故五佛所護念依佛所此
依智無故六法佛秘法此法甚深唯佛所知秘是藏存故
七法佛法藏法佛功德祕密之藏在此經故八法佛密處
未根未熟非法器故不與之九能生法佛中此法門能等
權化菩薩菩提故十法佛道場此法能等無上菩提非許經故
能破法佛法身為故十一法佛法輪破法邪故十二堅固舍
利三佛如來內法法身此經是真身為不壞故十三大巧方便
依此法門能等佛已後為衆生說下人等乘之法等佛為

勝妙藏故。三大乘方廣，无量大乘法門，隨大乘衆生根機之法，此經具有住持成就故。四教菩薩法，爲化根熟菩薩隨彼法器而能成就，不化二乘等故。五仏所護念，依仏有此，依餘无故。六諸仏秘法，此法甚深唯仏所知，秘是藏義故。七諸仏德藏，諸仏功德禪定之藏，在此經故。八諸仏密處，若根未熟非法器故，而不与之。九能生諸[一]仏，聞此法門能成報化身菩提故。十諸仏道場，此法[二]能成无上菩提非餘經故，能顯諸仏法身智故。十一諸仏法輪，破諸鄣[三]故。十二堅固舍利，三仏如來功德法身，此經具有而不壞故。十三善巧方便，依此法門得成仏[四]已，復[五]爲衆生説天人[六]等五乘之法，成仏智

校注

【一】「諸」，唐本作「法」，據國圖本、《大正藏》改。【二】「法」下，《大正藏》有「門」。【三】「鄣」，國圖本作「障」，《大正藏》作「闇」。

【四】「仏」，唐本塗去一字，旁小字寫「仏」。【五】「復」，國圖本作「後」。【六】「天人」，國圖本作「人天」。

直行方便故十四宣說一乘顯示如來無上菩提究竟之處
說二乘非究竟故十[redacted]五一義處此法門是如來法身究竟
住處故以之法身名爲一乘此法身住處名爲一乘處十六如
法花蓮花有二義一生果義以何詮義名花二花開義以顯
詮教名花爲證者真諦理合真諦出生果有二義一生果義
不可思生雖小乘信得果故此讚花說顯生菩薩雖得
果法說性者故不可思此演一乘理性生二乘故名生果
二故有義二蓮花生得果喻法教中入如來大衆中坐
如法菩坐蓮花上中說無上爲直清淨境不證如來
密藏此言說言菩坐花中說無上爲直境不證證如

恵[一]巧方便故。十四宣説一乘，顯示如來无上菩提究[二]竟之乘[三]體，二乘非究竟故。十五[四]〔第〕[五]一義處，此法門即是如來法身究竟住處故，仏之法身名弟一義，此法身住處名弟一義處。十六妙法蓮花[六]，論有二釋：一出水義，以所詮義名花；二花開義，以能詮教名花，即[七]證智[八]甚深、阿含甚深也。出水有二義：一出水義[九]，不可盡出離小乘濁泥水故，此談花體；頓悟菩薩性離泥水，法體性常故不可盡，此演[一〇]一乘理性，出二乘故名出水。二復有二義[一一]，蓮花出泥水喻諸聲聞入如來大衆中坐，如諸菩薩坐蓮花上聞説无上智恵、清浄境界證如來密藏，此意説言，菩薩坐花[一二]聞説无上智恵、境界，能證如

校注

【一】「恵」，同「惠」，《大正藏》作「慧」。【二】「究」，唐本作「宂」，乃「究」之俗字。【三】「乘」，國圖本、《大正藏》皆無。【四】「五」，唐本塗去二字，旁小字書「五」。【五】「第」，唐本無，據國圖本、《大正藏》補。【六】「蓮花」，唐本作「花蓮」，中有倒乙符。【七】「即」，國圖本作「謂」。【八】「智」，國圖本無。【九】「義」，國圖本無。【一〇】「演」，國圖本、《大正藏》皆作「談」。【一一】「二義」，唐本作「義二」，中有倒乙符。【一二】「花」上，國圖本、《大正藏》皆有「蓮」。「花」下，國圖本、《大正藏》皆有「上」。

來世修菩薩行中已以自得入大乘中實二如是世尊於
菩提中得具足隨煩惱二障菩薩示發菩提道此
能衛護得時用生正以教理化住菩薩教化二乘故化此
即於菩薩大乘生於大乘中起熟趣於以攝取故令成熟
法門示如來淨妙法身令生淨信十七最上法門攝成就
故攝成就者攝無量名句字身頻婆羅阿閦婆等
偈故此為根本攝諸一切名字句故名為最上此乃所
詮是諸所詮之上法之門能詮亦是諸所詮法之門
由攝一切名句字故頻婆羅是小乘五十二數中第十
數阿閦婆是第廿數此是諸大乘經教偈頌數　此法說

來甚深蜜藏，聲聞迴心已後[一]得入大衆中坐，亦如菩薩坐於蓮花聞説智[二]恵、境界[三]亦證蜜藏。前解菩薩頓悟體出，此解漸悟後時用出，正以教理化諸菩薩，傍化二乘故作此説。花開[四]者，衆生於大乘中起懸崖想，心怯弱故不能生信，開示如來淨[五]妙[六]法身令生淨信。十七寂上法門，攝[七]成就故。攝成就者，攝取无量名句字身，頻婆羅、阿閦婆等偈故。此爲根本，攝餘一切名[八]字義故，名爲寂上[九]。此乃所詮，是餘能所詮寂上法之門，能詮亦是餘能所詮法之門，由攝一切名句字等故。頻婆羅是小乘五十二數中弟十〔八〕[一〇]數，阿閦婆是弟廿[一一]數，此是餘大乘經教偈頌數，此皆能

校注

【一】「後」，國圖本、《大正藏》皆作「去」。【二】「智」，《大正藏》無。【三】「界」，《大正藏》無。【四】「開」下，國圖本、《大正藏》皆有「義」。【五】「淨」上，國圖本有「清」。【六】「妙」，國圖本無。【七】「攝」下，國圖本有「稱」。【八】「名」下，國圖本、《大正藏》皆有「句」。【九】「上」，國圖本作「勝」。【一〇】「八」，唐本無，據國圖本、《一切經音義》卷二十七、《大正藏》補。【一一】「廿」，《大正藏》作「二十」。

勝故名法乃至是廿千萬億偈說之十七句中此是總句
餘是別句此經有三一無量義經用勝故二義并法化報
熟故三佛所護念法佛有故三義經勝故偏說之句名無量
義經第十六名妙法蓮花今說無量義經意入無量義處三
昧說三昧已方說此經二名妙法蓮花二名何為若有又經
一云蓮花有二時乃名如蓮花未生敷時桂子生敷故二名
蓮花開經亦爾說開古亟之桂子生於外桂子并敷開時
於未說二乘都一乘故今者此經正說開入大乘之位始生二乘
如蓮花生敷已亡名蓮花開經正名無量義偈名妙法蓮
花正顯并偈今二乘於中之之除顯示果於法復可化入此經

攝故名法門，即是廿[一]千万億偈。論云：「十七句中，此是揔句，餘是別句。」此經但有三：一无量義體用勝故，二教菩薩法化根熟故，三仏所護念依仏有故，三義增勝故偏説之。問：其《无量義經》弟十六[二]名妙法蓮花，今説《无量義經》竟入无量義處三昧，從三昧起方説此經，亦名妙法蓮花，二名何別？答：有五解。

一云蓮花有二時得名，如蓮花未出水時性能出水故，亦名蓮花。彼經亦尒，説彼智恵之性能出於水，性能開敷彼[三]時猶未化二乘趣一乘故。今者此經正化彼入大乘之位超出二乘，如蓮花出水已亦名蓮花，彼經正名「无量義」，傍名「妙法蓮花」，正逗菩薩，傍令[四]聲聞聞之信解不愚於法後方化入；此經

校注

【一】「廿」，《大正藏》作「二十」。「廿」下，國圖本有「艹」，如此連在一起爲「茾」，則是「菩薩」了。【二】「六」下，國圖本、《大正藏》皆有「亦」。【三】「彼」，《大正藏》無。【四】「令」下，唐本有「二乘」，點刪。

正名妙法蓮花經上首偈名無量義正化菩薩中入一乘故時
依主釋經無二故得說此經先入無量義處三昧二說無量
義經名法花之此名經無二說時唯教菩乘主二乘稱一乘
故說教理行依果如妙理正名無量義偈名妙法蓮花此時
化說二乘稱一乘故說能依以果正名妙法蓮花如生文故偈
上首名無量義此三云說授記重經名法花此爲記重因
能名法花會二顯一故四云又說教理名爲蓮花菩已明
一乘之因稱一乘果故不爲說以果一乘名爲法花由位不同
寂病之果之教理故位說教理名爲法花今此會中二乘
乘能寂病之果故不爲說教理蓮花位爲說說以果二

正名「妙法蓮花經[一]」，亦得傍名「无量義」，正化聲聞入一乘故，時、位有殊，體[二]无二故，將説此經，先入无量義處三昧。二云《无量義經》名「法花」，与此名、體无二。彼時唯教菩薩，未有二乘趣一乘故，説教理所依真如妙理正名「无量義」，傍名「妙法蓮花」，此時化彼二乘趣一乘故，説能依行果正名「妙法蓮花」，如出水故，傍亦得名「无量義」也。三云彼據智恵體名「法花」，此約智恵[三]切能名「法花」，會二歸一故。四云又彼以教理名[四]爲蓮花，菩薩已脩一乘之因趣一乘果故，不爲説行果一乘名爲「法花」，由但不知應病与藥之教理故，但説教理名爲「法花」。今此會中二乘未能應病与藥，故不爲説教理蓮花，但爲彼説行果二

校注

【一】「經」，國圖本、《大正藏》皆無。【二】「體」下，國圖本、《大正藏》皆有「性」。【三】「恵」，《大正藏》作「慧」。【四】「名」下，國圖本有「體」。

種名為蓮花今顯入故三六經云系此實系直是其為因
以花也唯以佛之智見示悟眾生令了蓮花也又開示悟入
中論日釋云開者無上義示者同義悟者不知義入者令
入不退轉地義有三為果證一為因緣修二乘唯及一乘因
果名一乘故已云證以教理二種名為蓮花此經第證二乘
教理以果並名蓮花義用圓故如來已說有三義釋證此
經日後二義釋此實證據由此義故證無量義經唯以二義
名為無量一法二義說云算號字義故字者教法義者行
詮證無量義證云以眾生性欲無量故法亦無量法無
量故義亦無量義無量者從一法生其一法者即是無相

種，名爲「蓮花」，令趣入故。故下經云「乘此寶乘直」至「道場」，因行花也。「唯以仏之知見示悟衆生等」，果蓮花也。又開示悟入中，論自解云「開者无上義，示者同義，悟者不知義，入者令入不退轉地義」，前三爲果，後一爲因。《勝鬘》亦尔，唯説一乘因果[一]名一乘故。五云彼以教理二種名爲蓮花，此經對彼二乘教理行果並名蓮花，義周圓故如前已説。前三義釋彼此體同，後二義釋此寬[二]彼狹，由此義故，彼《无量義經》唯以二義名爲「无量」：一法，二義。論云成就字、義故。字者教法，義者所詮。彼《无量義經》云「以衆生性欲无量故法亦无量，法无量故義亦无量，義无量者從一法生，其一法者即是无相。」

校注

【一】「果」下，國圖本有「因」。【二】「寬」，國圖本作「竟」。

能令此經隆初漢理教後文意以以字名爲蓮花實經
上六法受經文亦通教理以字爲後持爲義法花究竟
一示亦能此淺義處經依後此經已爲宗心不離貫日六文
東四行法後法隱顯藏依住等說住者[illegible]依止安受之義
此明依止安受後法行法藏依隱顯後法之軌持也此正義
云住後法行法隱顯藏依等說後无量義經說結跏趺坐
表者受除理身可後法如後教後先住前面急後起方後
跏坐者二種一降伏坐以左押右二吉祥坐以右押左今指後
法花吉祥坐加者重也趺足重之坐者花跏者不去何處
此明依止安受同下軌則依前後於法今依三種軌持一依三

然今[一]此經雖初讚[二]理教，後文多以行果名爲蓮花實體。上下諸處經文，亦通教理行果故，後解爲善。法花既尔，一乘亦然，此准[三]應悉[四]。經「仏說此經已」至「身心不動」。贊曰：下文第四所依說法隨順威儀住成就，住者[五]依止安處之義。

此明依止安處說法所依威儀隨順說法之軌則也。此正應言住說法所依隨順威儀成就。說无量義經訖結跏[六]趺坐，表智處深理方可說法，如說《般若》先住對面念後起方說經。坐有二相：一降伏坐，以左押右；二吉祥坐，以右押左。今將說法作吉祥坐。「加」者重也，即交重足坐。有作[七]「跏」者，不知所從。

此明依止安處何等軌[八]儀而說於法？今依三種軌[九]儀：一依三

校注

【一】「今」，國圖本作「即」。【二】「讚」，《大正藏》作「讚」，字同。【三】「此准」，《大正藏》作「准此」。【四】「悉」，同「悉」。「悉」，自漢至唐，異體多存。敦煌小楷寫卷有「悉、悉、悉、悉」，草書亦然。【五】「者」下，唐本塗去一字。【六】「跏」，《大正藏》作「加」。【七】「作」，國圖本、《大正藏》皆作「為」。【八】「軌」，國圖本作「執」。【九】「軌」，國圖本作「執」。

昧其說故入於三昧身心不動是二依眞主自下雨四花地
震六動是三依流生主自四流八部歡喜是入定陀
其六地通無礙持流生喜仰故此不三不唯要世名為歎佛
贊云三摩地此云等持手等持心為是於緣名是定也云三
昧者說世欲無相理定名無量義處三昧受得受得無量
義者無量義處所詮流義因其理故生其理名之為處
依處一依三昧某說者二義一者某說身心不動故得
其不入三昧者不忍動攝於此不動依自在入三昧身心
不動雖於不忍動攝於法隨依自在故云某說自在
身心不動故二者雖一切依位自在力故得入三昧雖法空
依位所於法隨順自在名者空依於隨順後不自在故於

昧成就，故入於三昧身心不動是；二依器世間，天雨四花地震[一]六動是；三依衆生世間，四衆八部歡喜等是。入定證真，起通警物，衆生喜仰故，此分三，不唯安坐名爲威儀。梵云三摩地，此云等持，平等持心而至於境，即是定也。云「三昧」者訛也。觀无相理定名无量義處三昧，處謂處所，无量義者无量義教所詮衆義，因真理生故[二]説真理名之爲處。論解一依三昧成就有二義。一者成就自在力身心不動故，謂若不入三昧有分别動摇，於此不能證説自在，今入三昧身心不動離於分别動摇，於法便[三]能證説自在故，云成就自在[四]，身心不動故。二者離一切障隨自在力故，謂入三昧離諸定障，隨順於法證説自在，若有定障於證及説不自在故。論

校注

【一】「震」，國圖本、《大正藏》皆無。【二】「生故」，唐本作「故生」，中有倒乙符。【三】「便」下，《大正藏》有「得」。【四】「在」下，國圖本、《大正藏》皆有「力」。

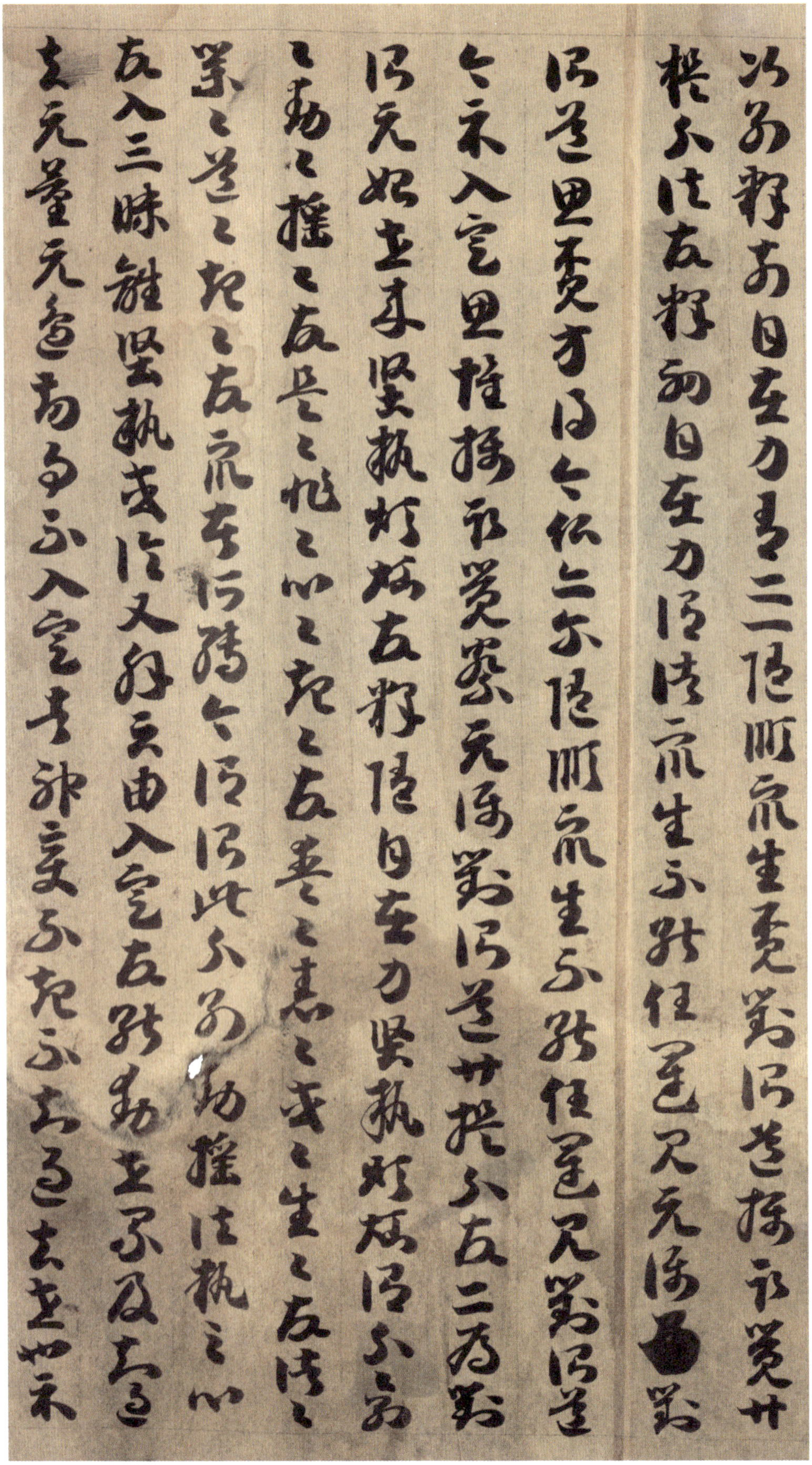

〔八〕

次別釋前自在力，有二。一隨順衆生不見〔一〕對治〔二〕攝取覺菩

一八二 提分法故，釋初自在力，謂諸衆生不能任運見无漏[三]對
一八三 治道，思覔[四]方得；今仏亦尔，隨順衆生不能任運見對治道，
一八四 今示[五]入定思惟攝取，覺察无漏對治道菩提分故。二爲對
一八五 治无始世來堅執煩惱[六]故，釋隨自在力，堅執煩惱謂分別動揺，
一八六 分別動揺故是非心起，是非心起故愛恚或[七]生，愛恚或生故諸業
一八七 道[八]起，諸業道[九]起故衆苦所[一〇]縛[一一]，今謂[一二]治此分別動揺法執之心，
一八八 故入三昧離堅執或。論又解云：「由入定故能動世界，及知過
一八九 去无量无邊刼[一三]事，不入定者神變不起，不知過去世也[一四]，示

校注

【一】「不見」，唐本、國圖本字形皆似「覔」，據《妙法蓮華經憂波提舍》卷一、《大正藏》釋録。【二】「治」下，唐本有「道」，據國圖本、《妙法蓮華經憂波提舍》卷一、《大正藏》删。【三】「漏」下，唐本塗去一字。【四】「覔」，《大正藏》作「覺」。【五】「示」，《大正藏》作「亦」。【六】「惱」，唐本作「⿰火⿱巛凶」，《漢語大字典》：同「⿰火𡿺」。《集韻·晧韻》：⿰火𡿺，熱皃，或作⿰火⿱巛凶。唐代草書寫卷「⿰火⿱巛凶」乃「惱」之俗字。釋文統作「惱」。【七】「或」，《大正藏》作「惑」，「或」「惑」，古通假。【八】「道」，國圖本、《大正藏》皆無。【九】「道」，國圖本、《大正藏》皆無。【一〇】「所」，《大正藏》無。【一一】「縛」，《大正藏》作「轉」。【一二】「謂」，《大正藏》作「為」。【一三】「刼」，《大正藏》作「劫」，字同。【一四】「過去世也」，國圖本作「過世」，《大正藏》無「也」。

相故也四佛无不空以少住位至空不空空為我說作何行
又入菩薩十地一入生信解勤静物故二見不入空无由故
先知法證故又不入空者非佛知證三十行法时示審證故
四种法離妙故入空欲又菩薩全故已种重必由階梯入空等
别知之法義行學又修空重故六示知空重修行法示
真修入空种空修故七十為東生机行法必先静以故八十示
菩里階階明之相二又种人審得多故九入空知證故三
四菩故不示要无弥勒等四十种示三密入空言密故先
等密行法悟審故　皆日信證審妙法　修東里四密四
明行法花何故行入无量義空何因不入法花三昧菩日无密

相故也。」問：仏无不定心，行住恒在定，不起威定而現威儀，何須今入？答：有十義。一入出隨緣，動静利物故。二若不入定无由放光現諸瑞故，若不入定恐非仏瑞。三[一]欲説法時示審機故。四顯法殊妙故入定觀，令尊重故。五顯恵必由證理入定方能起之，師範[二]後學[三]令脩定、恵故。六示[四]定、恵滿，説法示恵滿、入定顯定滿故。七者爲末世[五]軌，説法必先自[六]静心故。八者示善思惟聰明之相，亦令餘人[七]審諦事故。九入定現瑞發三問答故，不尔便无弥勒等問。十顯示三密，入定意密，放光等身密，説法語密故。頌曰：「隨瑞審妙師，滿未思問密。」問：將説《法花》何故須入无量義定？何因不入法花三昧？答曰：即如將

校注

【一】「三」下，《大正藏》有「若」。【二】「範」，國圖本作「軌」。【三】「學」，國圖本作「斈」，字同。【四】「示」下，唐本有「現」，點刪。【五】「世」下，國圖本有「儀」。【六】「自」，唐本小字補。【七】「人」，國圖本作「生」。

後說無上先入定然後說經端身正住第面念後方後
說此二如是先入無量義三昧後說法華之經乃無量義故
法華三昧乃無量義三昧無量義經為井後法華經為於
中後無量義後說生生無量義法華後所說之生二乘說
然後說至實無二故皆後法華先入無量義三昧六文之
為悟法華三昧不言悟無量義三昧者但是經攝經為
之前如宜逐便近生之所用名隆為二經實不了又教
理行果是故如來又先敷宣其如法說後後因果功說
法華經是時至雨至及法大衆莫曰六明共立一月為二一面
華二勢地今此雨華 曼陀羅者此云適意華尼者四般反

二〇〇 說《般若》亦先入定，《能斷經》云：「端身正願住[一]對面念後方說
二〇一 經」，此亦如是，先入无量義三昧後說《法花》，法花體即无量義故。
二〇二 法花三昧即无量義三昧，《无量義經》爲菩薩說，《法花經》爲聲
二〇三 聞說；无量義談體，出生无量義，法花談功能，能出二乘，體、
二〇四 能雖殊，其實无二，故將說《法花》先入无量義三昧。下文亦
二〇五 有悟法花三昧，不言悟无量義三昧者，但是隨機濟物
二〇六 之要，冝[二]逐便匠生之巧用，名雖有二，體實不差[三]。又教、
二〇七 理、行、果異故，如前。又先觀察真如法體，後說因果功能
二〇八 法花。經「是時天雨」至「及諸大衆」。贊曰：下明器世間有二：一雨
二〇九 花，二動地。今此雨花。「曼陁[四]羅」者，此云適意，花[五]見者心悅故。

校注

【一】「住」下，國圖本有「皆」。【二】「冝」，《大正藏》作「宜」，字同。【三】「差」，《大正藏》作「異」。【四】「曼陁」，《大正藏》作「曼陀」，字同。「曼」，唐本下之「又」作「方」（古亦作「万」），乃「曼」之俗字。【五】「花」，國圖本、《大正藏》皆無。

二〇「曼殊沙」花[一]者，此云柔奧[二]，花體柔奧亦令見者離諸剛強[三]

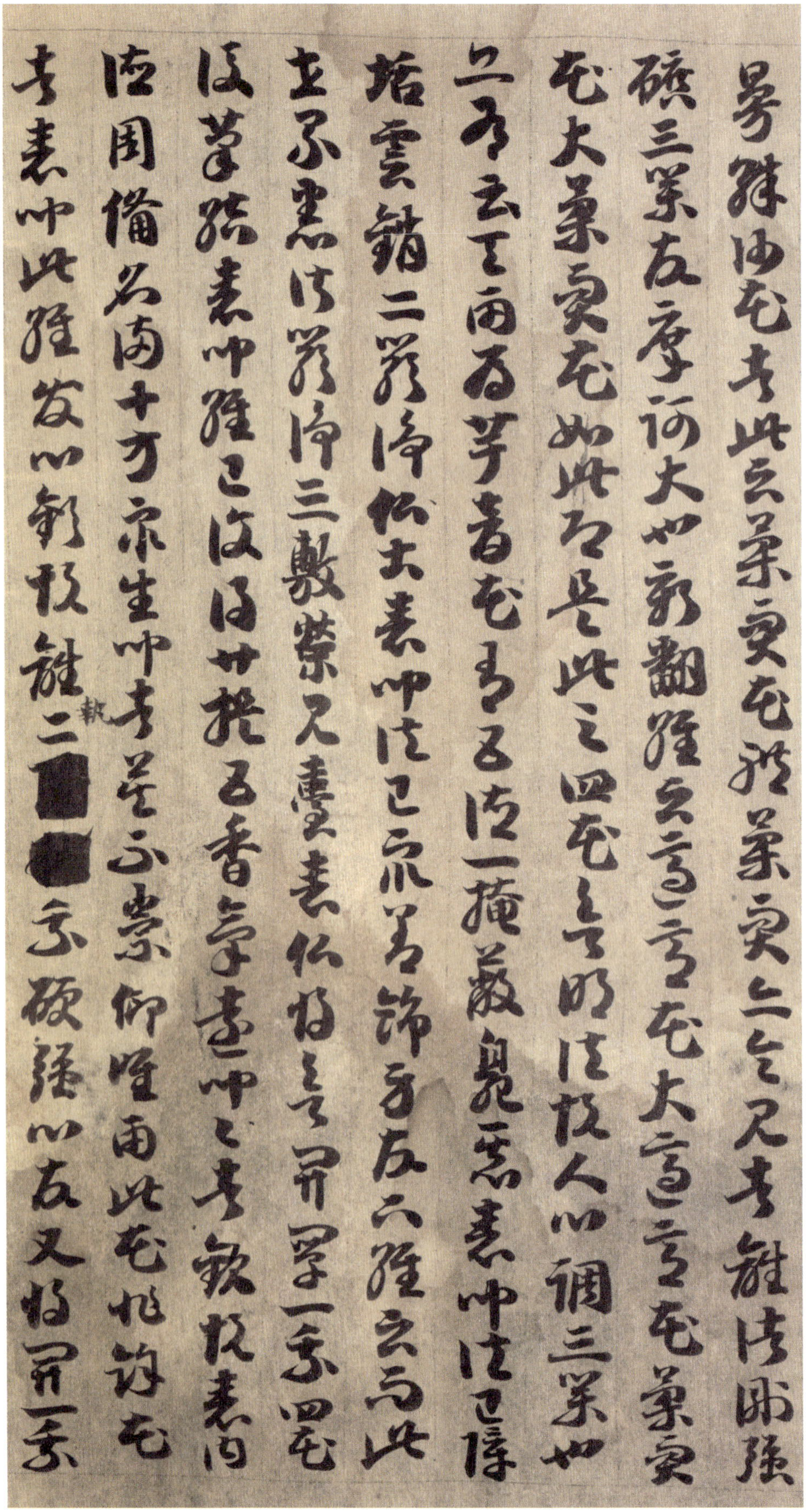

礦三業故。「摩訶」，大也。新翻經云「適意花、大適意花」、「柔耎[四]花、大柔耎[五]花」，如此[六]即是此之四花，欲明法悅[七]諸人心，調三業也。亦有云天雨爲「芋」音。花有五德：一掩蔽臰[八]惡，表聞法已障垢雲[九]銷。二嚴浄仏[一〇]土，表聞法已衆善飾身，故下經云「而此世界峕皆嚴浄」。三敷榮見臺，表仏將欲開闡一乘。四花後菓[一一]結，表聞經已復[一二]得菩提。五香氣遠[一三]聞聞[一四]者歡悅，表内德周偹[一五]名滿十方，衆生聞者莫不崇仰。唯雨此花非餘花者，表聞此經發心歡悅[一六]，離執[一七]二[一八]乘硬强心故。又將開一乘

校注

【一】「花」，國圖本、《大正藏》皆無。【二】「耎」，國圖本作「渜」，《大正藏》作「軟」。「耎」音義同「軟」。「渜」音暖，熱水。【三】「强」，《大正藏》作「照」。【四】「耎」，國圖本作「渜」，《大正藏》作「軟」。【五】「耎」，國圖本作「渜」，《大正藏》作「軟」。【六】「此」，國圖本、《大正藏》皆作「次」。【七】「悅」下，《大正藏》有「諸」。【八】「臰」，《大正藏》作「臭」，字同。【九】「雲」，國圖本作「塵」。【一〇】「仏」，《大正藏》作「國」。【一一】「菓」，國圖本作「果」，字同。【一二】「復」，國圖本、《大正藏》皆作「後」。【一三】「遠」下，國圖本、《大正藏》皆有「騰」。【一四】「聞」，國圖本、《大正藏》皆無。【一五】「偹」，《干禄字書》：俻、偹、備，上俗中通下正。【一六】「悅」，國圖本作「喜」。【一七】「執」，唐本小楷補。【一八】「二」下，唐本塗去二字。

教理行果為其實亦開二乘四法以為攝化故西四宅亦
為度四生興四念住將正四勤援四神足以四法化除四障
理截四流開四禁去四執得四妙而悟四諦降於四倒故而
此四不識不證教佛申以何譬表佛四身之用及衆以證得
生類衆皆二等四聖普佛土不六種震動並曰搖颺行主
三千大千世界佛土不此諸菩薩放言菩薩佛土不諸動此動
受世六種中言與此主不六種震動故動無嗟色動搖颺不能
十方不來此普動已先照日不示教先何故乃竟動不乃
據六文據色那化此不搖擺犯實衣震法動搖睡此不動
明搖擺犯實衣震動也起也六動為三長行皆以一六時動
行入明生明生不等若精法我入藏今時動者精法我時二

教理行果爲其真實，亦開二乘四法以爲權迹故。雨四花亦爲度四生、興四念住、脩四正[一]勤、獲四神足、行四法迹、證四諦理、截四流、斷四繫、去四軛、得四妙智、悟四涅槃、證於四德故。雨此四[二]不咸不增[三]，散仏以申[四]供養，表仏四事已周，及衆以蔭群生，顯衆當亦成四。經「普仏世界六種震動」。賛曰：釋迦所王三千大千名仏世界，此皆普動，故言普仏世界皆動，此動處也。下頌中言「而此世界六種震動」，故知唯是動釋迦界非十方界。或此普動与光照同，不尔放光何故乃寬、動界乃狹？下文據近，顯化此界捨權就實故；若依初解，唯此界動，明捨權就實故。「震」[五]，動也起也。六動有三。《長阿含》說：一六時動，謂入胎、出胎、出家、成道、轉法輪、入涅槃，今時動者轉法輪時。二[六]

校注

【一】「四正」，唐本作「正四」，中有倒乙符。【二】「四」下，《大正藏》有「華」。【三】「不咸不增」，國圖本作「不減不增」，《大正藏》作「不增不減」。高亨《古文字通假會典》二三〇頁，「咸」與「減」古通假。【四】「以申」，唐本作「申以」，中有倒乙符。【五】「震」下，《大正藏》有「者」。【六】「二」，國圖本作「亦」。

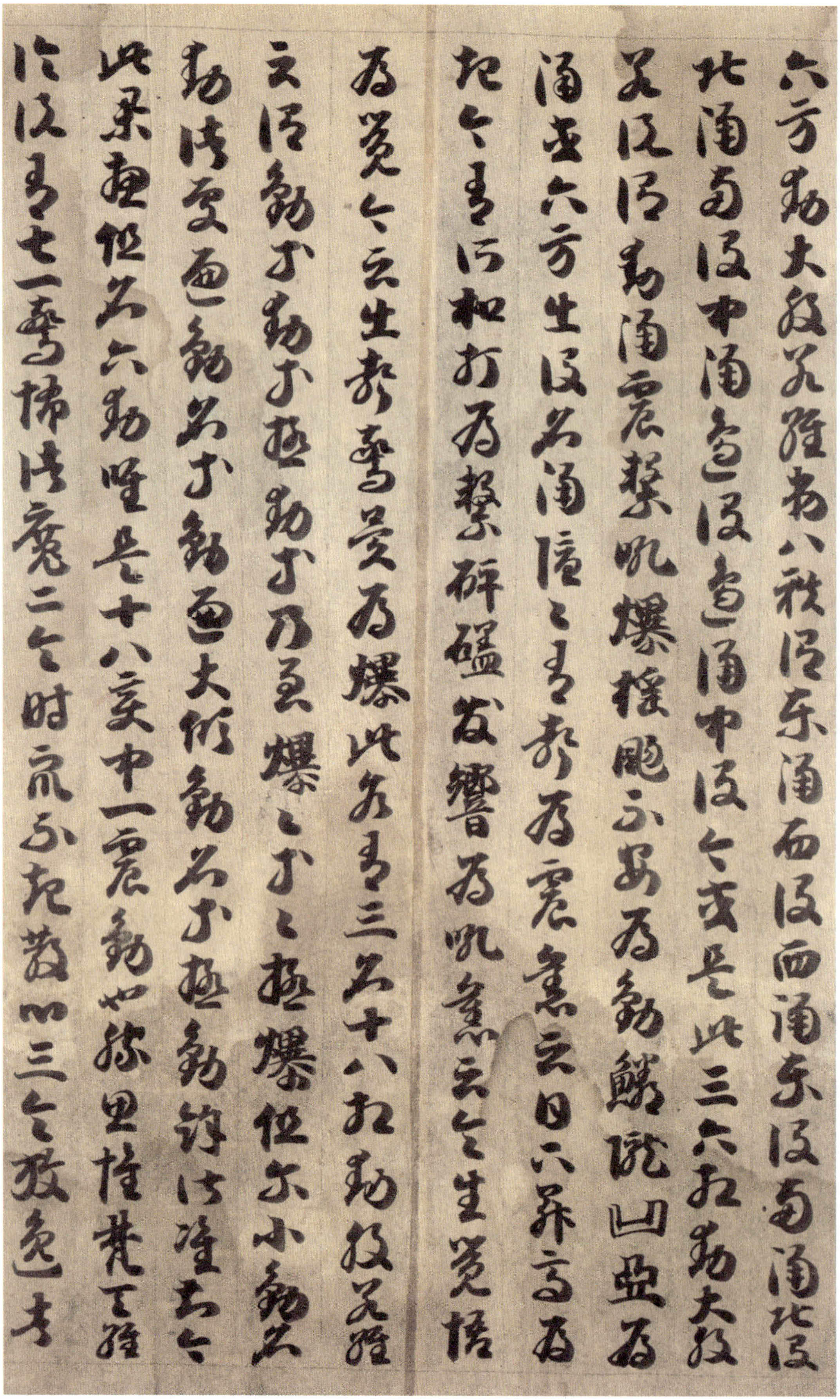

二三〇

六方動，《大般若經》弟八袟[二]謂「東涌西没，西涌東没，南涌北没，

二三一 北涌南没，中涌邊没，邊涌中没」，今或是此。三六相動，《大般
二三二 若》説，謂動、涌、震、擊[二]、吼、爆，摇飈[三]不安爲動，鱗隴凹亞[四]爲[五]
二三三 涌，或六方出没名涌，隱隱有聲爲震。舊云自下昇高爲
二三四 起，今[六]有所扣[七]打爲擊[八]，砰磕[九]發響爲吼。舊云令生覺悟
二三五 爲覺，今云出聲驚異爲爆。此各有三，名十八相動。《般若經》
二三六 云謂動、等動、等極動，乃至爆、等爆[一〇]、等極爆。但尒小動名
二三七 動，諸處遍[一一]動名等動，遍大傾動名等極動，餘皆准知。今
二三八 此亂摠但名六動，唯是十八變中一震[一二]動也。《勝思惟梵天經
二三九 論[一三]》説有七[一四]：一驚怖諸魔，二令時衆不起散心，三令放逸者

校注

【一】「祑」，國圖本作「帙」。「帙」下，國圖本、《大正藏》皆有「説」。【二】「擊」，唐本作「繫」，據國圖本、《仁王護國般若波羅蜜多經疏》卷一、《大正藏》改。【三】「颺」，國圖本作「動」。【四】「亞」，國圖本、《大正藏》皆作「凸」。【五】「爲」，國圖本無。【六】「今」下，國圖本、《大正藏》皆有「云」。【七】「扣」，唐本作「和」。國圖本、《大正藏》皆作「扣」，從之。【八】「擊」，唐本作「繫」，據國圖本、《大正藏》改。【九】「磕」，《大正藏》作「磕」，字同。國圖本右旁作「益」。【一〇】「等爆」，唐本作「爆等」，據國圖本、《大正藏》乙正。【一一】「遍」，《大正藏》作「通」。【一二】「震」，國圖本、《大正藏》皆作「振」。【一三】「論」，《大正藏》無。【一四】「七」下，國圖本、《大正藏》皆有「因」。

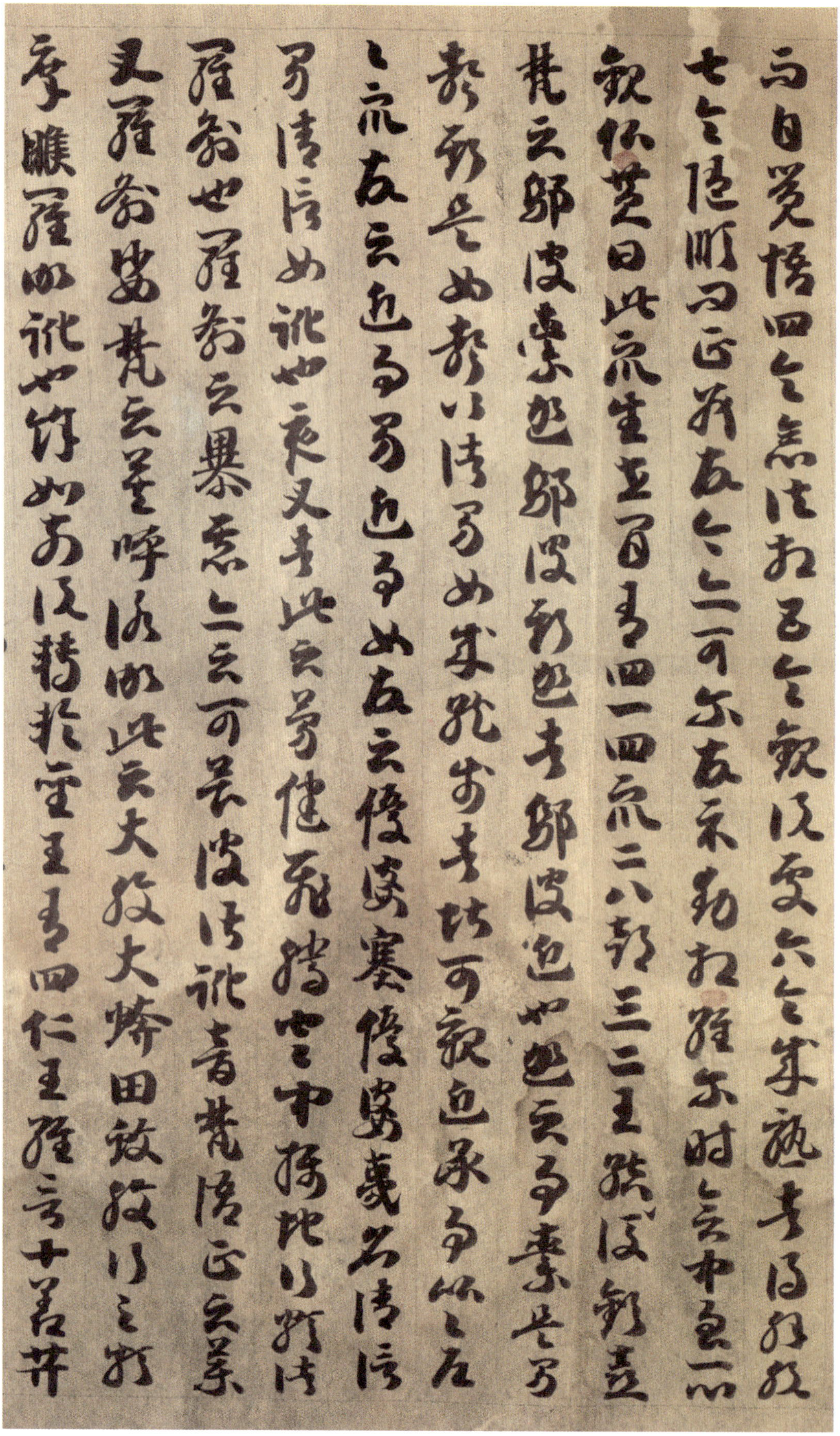

二四〇 而自覺悟，四令念法相，五令觀説處，六令成就[一]者得解脱，

七令隨順問正義。故[二]今亦可尔故示動相。經「尔時會中」至「一心觀仏」。賛曰：此衆生世間，有四：一四衆，二八部，三二王，後結[三]歡喜。梵云鄔波索迦、鄔波斯迦者，鄔波近也，迦云事，索是男[四]聲，斯是女聲，以諸男女成就戒者，堪可親近承[五]事比丘、比丘尼[六]衆故，云近事男、近事女。故[七]云優婆塞、優婆夷名清信男、清信女，訛也。「夜叉」者，此云勇健，飛騰空中攝地行類諸羅刹[八]也。羅刹[九]云暴惡，亦云可畏，彼皆訛音，梵語正云藥叉羅[一〇]刹娑。梵云莫呼洛[一一]伽，此云大腹，大蟒[一二]田蚿[一三]腹行之類，「摩睺羅伽」訛也。餘如前說。轉輪聖王有四，《仁王經》言：「十善菩薩

校注

【一】「就」，唐本、國圖本皆作「熟」，據《仁王經疏》卷一、《大正藏》改。【二】「故」，國圖本、《大正藏》皆無。【三】「後結」，唐本作「結後」，中有倒乙符。【四】「男」，國圖本作「界」。【五】「承」，《大正藏》作「奉」。【六】「比丘比丘尼」，唐本作「比尼比尼」，據國圖本、《大正藏》改。【七】「故」，國圖本、《大正藏》皆作「古」。【八】「刹」，《大正藏》作「刹」，字同。【九】「刹」下，國圖本有「此」。【一〇】「羅」，《大正藏》作「邏」。【一一】「洛」，唐本字形似「泳」。【一二】「蟒」，「蟒」之俗字。國圖本、《大正藏》皆作「蟒」。【一三】「蚿」，《大正藏》作「蛟」。

發大心　長別三界苦輪海　中下品善粟散王　上品十善
鐵輪王　習種銅輪二天下　銀輪三天性種性　道種堅德
轉輪王　七寶金光四天下　此上明住前三種性及上之十地
雖金輪位是夜無轉之如正法念經雖有二種轉有四兵及果
子千及隨其所應感得金銀銅鐵四輪七寶千物為為
化世教訓天之常書得來菩出發勝心以眞菩薩盡名
掌懸情字現有一心發發登云有欲心雖不時化故有
了白豪相光並日六為王依止住因其現作王二乘一五波清
大乘現見發相示一四果識事如其前為來住滑卿長中
生常為心為依止住因其現是有故大光明示現清淨不

發大心，長別三界苦輪海，中下品善粟散王，上品十善鐵輪王，習種銅輪二天下，銀輪三天性種性，道種堅德轉輪王，七寶金光四天下。」此与餘經三種性別，亦与《十地經》金輪位異，應會釋之。如《正法念經》弟二，《瑜伽》弟四廣說業果等相，隨其所應感得金、銀、銅、鐵四輪七寶等物而爲化也。覩[一]神變之希奇得未曾有，發勝心以㝠[二]道歡喜合掌，懲[三]情寂聽故一心，冀發金言故觀仏。經「尒時仏放眉間白豪相光」。賛曰：下弟五依止說因成就。論有二釋：一云彼諸大衆現見異相不可思議事，如來應爲我說，渴仰欲聞生希有心，名依止說因成就，是故放大光明示現諸世界

校注

【一】「覩」，國圖本作「都」。【二】「㝠」，《大正藏》作「冥」，字同。【三】「懲」，國圖本作「微」，《大正藏》作「澄」。

中種之身故起佛眼法名為增生之發常眉之間名為眼因
此明眼法所依正因之生常眉為為眼法故發光表照是教
雜染大乘教表遍無正義佛相為眼眉即是中道生
常表之心為衣當為眼法是故發光能生乘生眉卿心
故名為眼因二云先示現六種震動所以示現此法乃因陀
羅網法故所以先現非通種子表佛眼此法乃是由因陀羅
網法又由因陀羅網所以殺現非之義之究竟表佛得眼所陀
之法故名為眼因陸先雨花動地東是群號之能令發非光
常壽更亡由因陀羅網故能現雖異由此眼因稱孫郎此
瑞中第三一放光二照縣三行見此初也有七面等之媚表行

中種種事故。夫仏説法必爲濟生，生發希渇之心名爲説因，此明[一]説法所依止因，因生希渇而爲説法[二]故，放光遠照異相難知，大衆覩知[三]遂興[四]正念，仏將爲説渇仰冀聞，既生希有之心次應當爲説法，是故放光能生衆生渇仰心，故名爲説因。二云先示現[五]六種震動等，後示現此法門内證深密法故，所以先現神通外事，表仏説此法門乃是由内證深密法；又由内證深密，所以外現神變，神變既彰表仏將説所證之法，故名爲[六]説因。雖先雨花動地，未[七]是殊絶之能，今放神光希奇更甚，由内證深密故外現難思。由此説因，獨摽斯瑞，此[八]中有三：一放光，二照境，三所見，此初也。「眉」者面首之媚，表所

校注

【一】「明」，國圖本、《大正藏》皆作「將」。【二】「法」，國圖本、《大正藏》皆無。【三】「知」，《大正藏》作「光」。【四】「遂興」，國圖本作「道器」。【五】「現」下，《大正藏》有「外事」。【六】「爲」，唐本旁補，國圖本、《大正藏》皆無。【七】「未」，唐本似「樂」，國圖本、《大正藏》皆作「未」。【八】「瑞此」，唐本作「此瑞」，中有倒乙符。

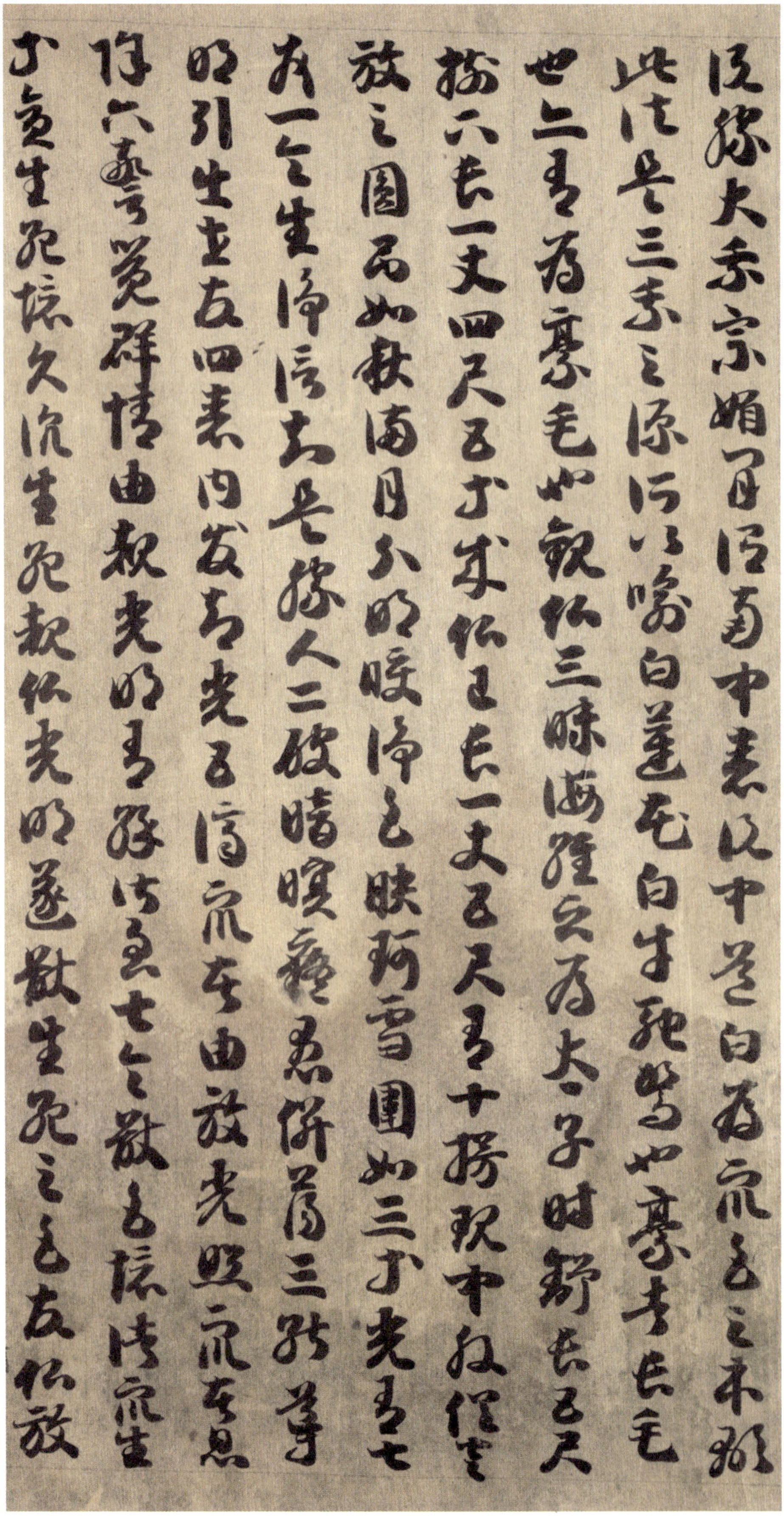

〔二七〇〕說勝〔一〕大乘宗〔二〕媚。「間」謂兩中，表說中道。「白」爲衆色之本，顯

〔二七一〕此法是三乘之源，所以喻白蓮花、白牛馳駕也。「豪」者長毛

也[三]，亦有爲豪[四]毛也。《觀仏三昧海經》[五]云：「爲[六]太子時舒長五尺，樹下長一丈四尺五寸[七]，成仏已長一[八]丈五尺，有十楞現，中外俱空，放[九]之圓弓[一〇]如秋滿月，分明皎浄[一一]色映珂雪[一二]，圍[一三]如三寸[一四]。」光有七義：一令生浄信知是勝人；二破暗瞑[一五]癡愚併蕩；三能導明引出世故；四表内發智光；五濟衆苦，由放光照衆苦息除；六警覺[一六]群情，由覩光明有緣皆至；七令厭[一七]色境[一八]，諸衆生等貪生死[一九]境久沉[二〇]生死，覩仏光明遂厭生死之色，故仏放

校注

【一】「勝」下，國圖本有「是」。【二】「宗」，《大正藏》作「完」。【三】「也」，國圖本、《大正藏》皆無。【四】「豪」下，國圖本有「豪」。【五】「經」下，國圖本、《大正藏》皆有「第一」。【六】「爲」，國圖本、《大正藏》皆無。【七】「寸」，唐本作「等」，國圖本、《大正藏》皆作「寸」，從之。【八】「一」，《大正藏》無。【九】「放」，《大正藏》作「旋」。【一〇】「弓」，國圖本、《大正藏》皆作「卷」，字同。【一一】「浄」，國圖本、《大正藏》皆無。【一二】「珂雪」，《大正藏》作「雪珂」。【一三】「圍」，國圖本作「圓」。【一四】「寸」，唐本作「等」，國圖本、《大正藏》皆作「寸」，從之。【一五】「瞑」，唐本右上「冖」作「宀」，國圖本作「冥」，《大正藏》作「瞑」。【一六】「覺」，《大正藏》無。【一七】「厭」，唐本作「猒」，乃「厭」之俗字。今釋從「厭」。【一八】「境」下，國圖本有「清」。【一九】「死」下，國圖本、《大正藏》皆有「之」。【二〇】「沉」，《大正藏》作「沈」，字同。國圖本作「説」。

光菩薩面門各放四光上生界佛前為號重各各從眉閒放光
白光為表素法非染故通為十八變一震動二熾然三流
布四示現五轉變六往來七卷八舒九眾像入身十同類往趣
十一隱十二顯十三所作自在十四制他神通十五能施辯才十六
能施憶念十七能施安樂十八放大光明兩四光者自在之
變振六動者震動之變此放光者流布之變又六瑞
於示現之變六神力品有宣顯示瑞照于東方是何也
既下莫日東二照境如一世界者一三千界照方八千佛之世界唯
照東方者西域以東為上表法先隆彼佛住大眾攝根
不被所作住故不照所聲如日生先照高原佛日亦爾先照根

二七九 光。《涅槃》從[一]面門而放四光，《上生》乣仏身而縱[二]金色，今從眉間[三]放
其
二八〇 白光，各有表矣。神境智通有十八變：一震[四]動，二熾然[五]，三流
二八一 布，四示現，五轉變，六往來，七弓[六]，八舒，九衆像入身，十同類往趣、
二八二 十一隱，十二顯，十三所作自在，十四制他神通，十五能施弁[七]才，十六
二八三 能施憶念，十七能施安樂，十八放大光明。雨四花者自在之
二八四 變，振六動[八]者震[九]動之變，此放光者流布之變，見六道[一〇]
二八五 等示現之變，下《神力品》當具顯示。經「照于東方」至「阿迦尼
二八六 吒天」。贊曰：弟二照境也。一世界者一三千界，照万八千仏之世界唯
二八七 照東方者，西域以東爲上，表《法花經》唯被仏性大乘機根
二八八 不被餘性，故不照餘。譬如日出先照高源[一一]，仏日亦尔，先照根

校注

【一】「從」，國圖本作「說」。【二】「縱」，國圖本作「從」。【三】「間」，唐本小楷補。【四】「震」，《大正藏》作「振」。【五】「然」，《大正藏》作「燃」。【六】「弓」，《大正藏》作「卷」。【七】「弁」，《大正藏》作「辨」。【八】「動」，《大正藏》作「種」。【九】「震」，國圖本、《大正藏》皆作「振」。【一〇】「道」，國圖本作「導」。【一一】「源」，國圖本、《大正藏》皆作「原」。

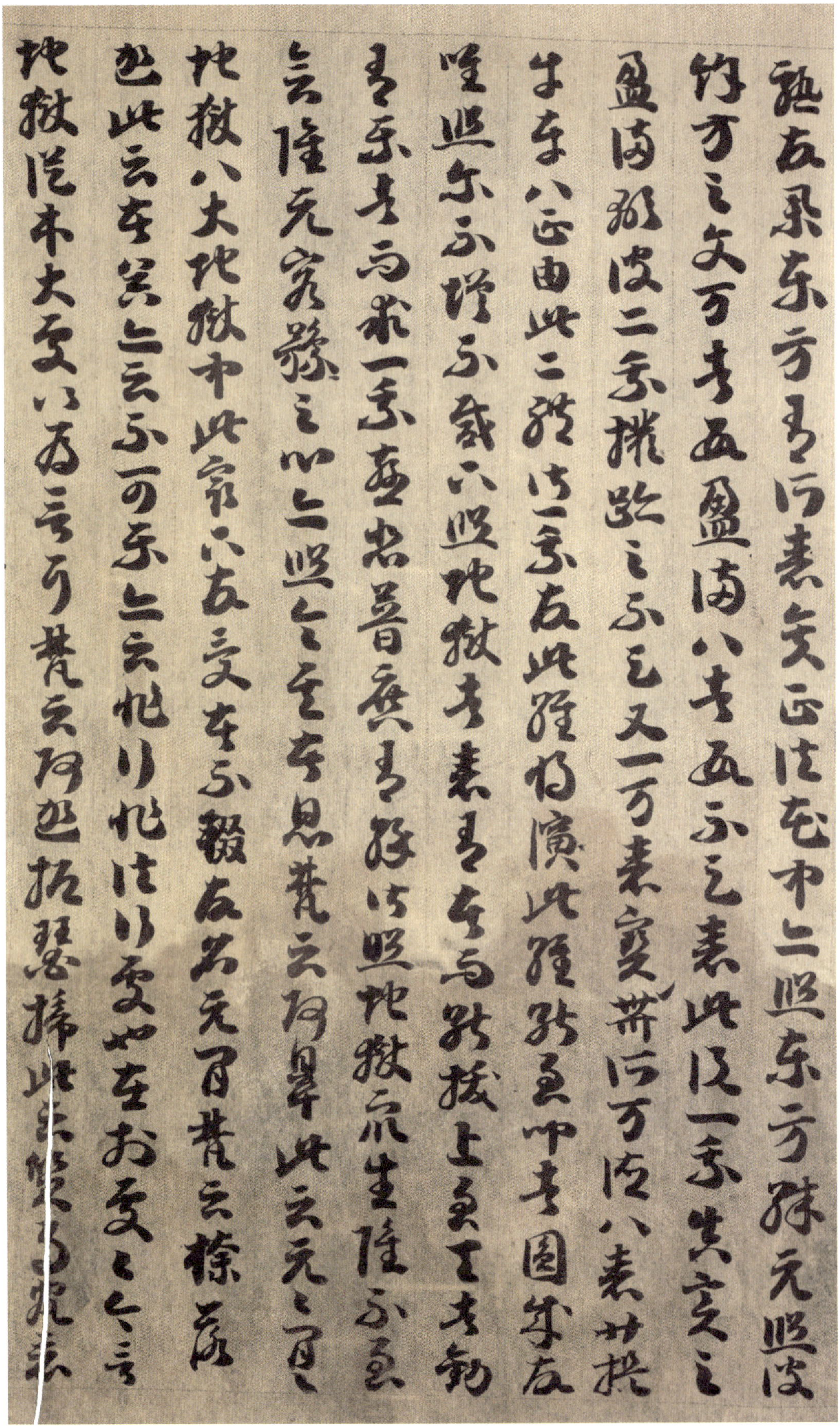

二六九

熟，故表東方，有所表矣。《正法花》中亦照東方，殊无照彼

二九〇 餘方之文。「万」者數盈滿，「八」者數不足，表此說一乘真實之
二九一 盈滿，顯彼二乘權跡[一]之不足。又一[二]「万」表涅槃寶[三]所万德，「八」表菩
提
二九二 牛車八正，由此二體皆一乘故。此經將演此經能至，聞者圓成，故
二九三 唯照尒不增不咸[四]。下照地獄者，表有苦而能[五]拔；上至天者，勸
二九四 有樂者而求一乘。慈悲普廣有緣皆照，地獄衆生雖不至
二九五 會，雖无容豫[六]之心，亦照令其苦息。梵云阿臯[七]，此云无間。无間
二九六 地獄，八大地獄中此㝡下故，受苦不輟故名无間。梵云捺落
二九七 迦，此云苦器，亦云不可樂，亦云非行非法行處也[八]。在於處處，今言
二九八 地獄，從本大處以爲言耳。梵云阿迦抳瑟揥，此云質㝵[九]宄[一〇]竟，

校注

【一】「跡」，國圖本、《大正藏》皆作「迹」。【二】「一」，國圖本、《大正藏》皆無。【三】「涅槃寶」，唐本作「寶涅槃」，中有倒乙符。【四】「咸」，國圖本作「減」，《大正藏》作「減」。【五】「能」，國圖本、《大正藏》皆作「皆」。【六】「豫」，國圖本、《大正藏》皆作「預」，古可通假。【七】「臯」，同「鼻」。「臯」下，《大正藏》有「至」。【八】「亦云非行非法行處也」，《大正藏》作「亦云非法行處」，國圖本「非行」下有「處造」，此句下，《大正藏》有「造非法行處也」。【九】「㝵」，《大正藏》作「礙」，字同。【一〇】「宄」，同「究」。

何以從白放毫光捨此云從白放光云放何以名說也乙究
云下光一句至受不照見也彼見受有麤者見世傷照一万八千
上下指於五趣見不周遍振動聖在三界偏書務發
光遂至一万八千界明擬二義故也二如光照五趣行衆雜集
中羅咩在四趣羅於此土不見六趣衆生蓋日六明所照有七一
六趣二佛三法四四衆五菩薩六入滅七起塔此七分三一[redacted]覩生死流
流二覩三寶生現三覩發修行化之之歡行以安以成此生死
流於六趣衆生以六門分別　一釋名　二生起　三界繫　四受何
五事の[redacted]量　六因果　　釋名者六者數名趣所所趣即居依
者死於彼業所因趣受生以趣名業五趣也地持云所受曰

二九九 阿迦質导義，抳瑟揥此云質导義[一]究竟義，阿迦尼訛也。色究
三〇〇 竟天[二]、光可至處，不照无色彼无處故。「靡」者无也。傍照一万八千，
三〇一 上下括於五趣，无不周遍；振動唯在欲[三]界，偏警有緣；放
三〇二 光遂至一万八千，顯明權實故也。亦如光照五趣皆蒙，緣集
三〇三 聞經唯在四趣。經「於此世界」至「六趣衆生」。賛曰：下明所照有七：一
三〇四 六趣、二仏、三法、四四衆、五菩薩、六入涅槃、七起塔。此七分三：一覩[四]
生死沉
三〇五 淪，二覩三寶出現，三覩威後行化，欲令欣厭[五]以發心故。此生死
三〇六 沉淪六趣衆生，以六門分別：一釋名，二出體，三開合，四處所，
三〇七 五壽量[六]，六因果相。釋名者，六者數名，趣謂所趣。五蘊[七]假
三〇八 者起煩惱業所歸趣處，立以趣名，帶數釋也。《地持》[八]云「所受自

校注

【一】「此云質导義」，國圖本、《大正藏》皆無。【二】「天」下，國圖本、《大正藏》皆有「有形之頂」。【三】「欲」，國圖本、《大正藏》皆作「此」。【四】「覩」，唐本塗去一字，小楷補。【五】「欣厭」，唐本作「厭欣」，中有倒乙符。【六】「量」，唐本塗去一字，小楷補。【七】「蘊」，《大正藏》作「蕴」。【八】「持」下，國圖本有「論」。

結故名為天作舍云光潔自在非用名天瑜伽云以為思
故名之為人雜心云言寂靜故名之為人雜心云以慢性多又
非天雪山性多云故名諂尼經云以傷以故名為傷生
或云畜生畜生者旁行人之資用人所畜養之生故名
畜生贊云捺落迦此云苦器如其之獄那落迦此云惡者
生惡之者生其中故名苦器無地獄名受以不可愛非喜
地故地獄經云誤上可厭雜心二云不可樂故名為地獄贊云
為樂落迦此云非王之樂依生善者六趣法以為八是趣經
而為自能元受以元記性捺故唯法云此為八法是不趣生能
設[redacted]本故又云此法之為不趣生能元云為不執多實數私又

三〇九 然故名爲天」，《俱舍》云「光潔自在神用名天」。《涅槃經》云「以多思[一]
三一〇 故名之爲人」。《雜心》云「意寂静故名之爲人」。《雜心》云「以從他求，
又
三一一 常飢虛恐怯多畏[二]，故名餓鬼」。《俱舍》云「以傍行故名爲[三]傍生」，
三一二 或云[四]畜生，畜者育養[五]之義，人之資具，人所畜養之生，故名
三一三 畜生。梵云捺落迦，此云苦器，如前已釋。那落迦，此云惡者，
三一四 造惡之者生苦器中，故名苦器。无地獄名，處所不定，非唯
三一五 地故。《地持》云「增上可厭」，《雜心》亦云「不可樂故名爲地獄」。梵云
三一六 阿素落，此云非天，前已釋[六]訖。出體者，六趣皆以弟八異熟識
三一七 而爲自體，无覆无記性攝，故《唯識》云「此弟八識是界、趣、生，施
三一八 設本[七]故」。又云「此識足爲界、趣、生體，无勞別執有實命根」。又

校注

【一】「思」，唐本作「恩」，據國圖本、《大正藏》改。【二】「畏」，《大正藏》作「思」。【三】「爲」，國圖本無。【四】「云」，國圖本、《大正藏》皆作「名」。【五】「養」，《大正藏》作「畜」。【六】「釋」，國圖本、《大正藏》皆作「解」。【七】「本」，唐本塗去一字，小楷補。

有情依精五趣四生趣生狹名寬故唯有六趣攝為
一句生死亦有為二句異熟趣趣不攝生死寬多生死亦有
為三句三界不攝亦有為四句四生四々者一生者二未者
三死者四中有及四種一生死得方便生死因緣生死者々生
死無有生死亦有為五句五趣除阿素洛亦有為六如此
文可後有六趣雜心非天鬼趣所攝瑜伽師地天趣所攝正法
念經鬼畜生攝伽陀羅中鬼畜天攝今依大乘唯天趣
攝以瑜伽師地為正以多不實諂詐為先不同諸天實行
故名曰非天如人不仁亦名非人不言非鬼畜生故今此雖
之故不為六趣亦有為七句七者五趣及業者中有亦有為

三一九 有情流轉五趣、四生，趣[一]、生[二]體即異熟[三]故。開合者，六趣揔爲
三二〇 一，謂[四]生死。次開爲二，謂善趣[五]、惡趣，分段生死、變易生死。或開
三二一 爲三，謂三界。或開爲四，謂四生、四有。四有者：一生有，二本有，
三二二 三死有，四中有。及四種生[六]死：謂方便生死、因緣生死、有有生
三二三 死、无有生死。或開爲五，謂五趣，除阿素落[七]。或開爲六，如此
三二四 文等[八]說有六趣。《雜心》非天鬼趣所攝，《瑜伽》《仏地》天趣所攝，
《正法
三二五 念經》鬼、畜生攝。《伽陁經》中鬼、畜、天攝。今依大乘唯天趣
三二六 攝，以《瑜伽》《仏地》爲正，行多不實諂詐爲先，不同諸天真[九]實行
三二七 故，名曰非天，如人不仁亦名非人，不言非鬼非畜生故，今此離
三二八 之故分爲六。或開爲七，謂七有，五趣及業有、中有。或開爲

校注

【一】「趣」上，《大正藏》有「然」。【二】「生」下，《大正藏》有「之」。【三】「熟」下，國圖本、《大正藏》皆有「識」。【四】「謂」下，《大正藏》有「一期」。【五】「趣」，唐本小楷補。【六】「生」，唐本塗去一字，小楷補。【七】「落」，《大正藏》作「洛」。【八】「文等」，國圖本作「等文」。【九】「真」，《大正藏》作「直」。

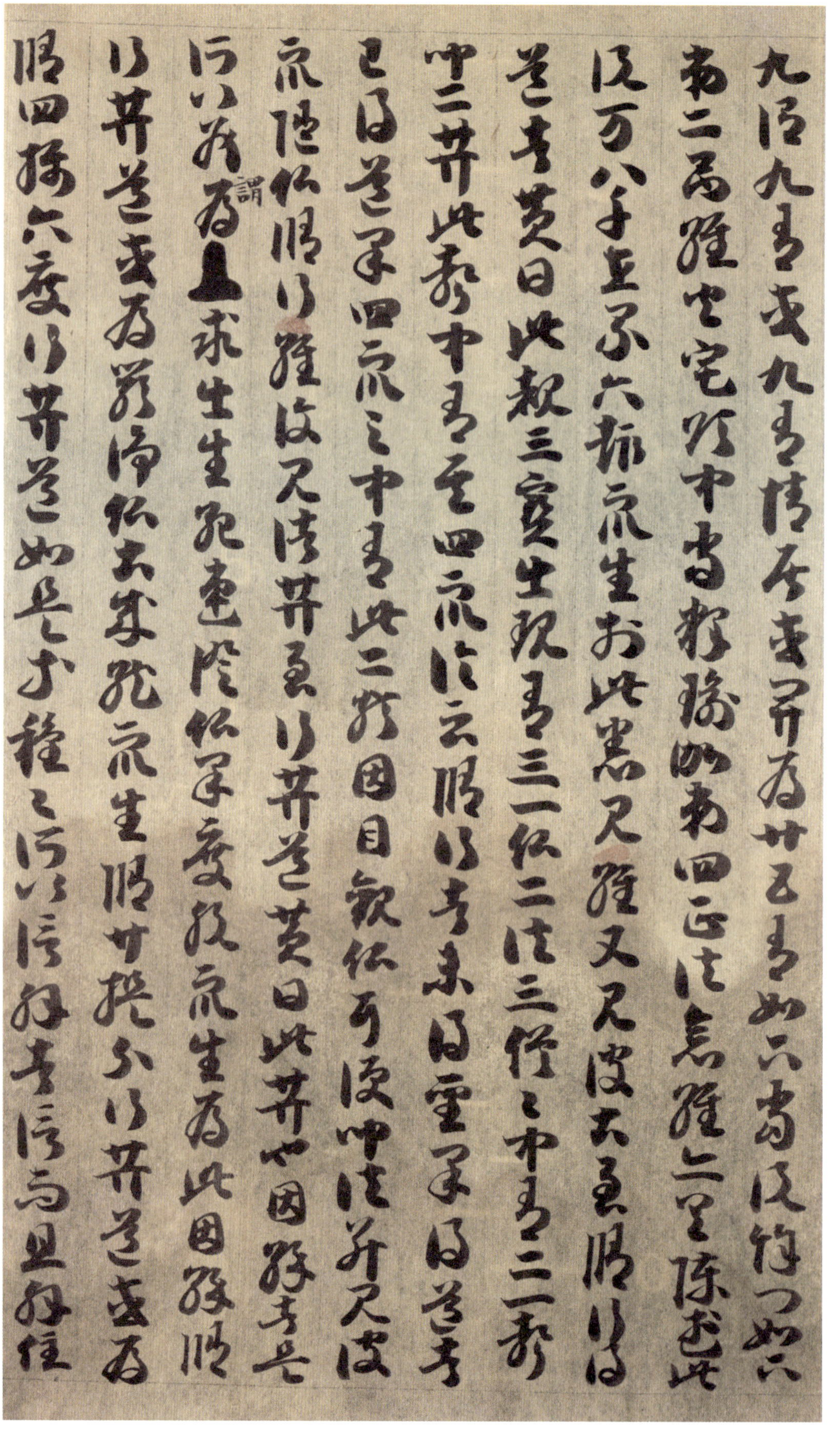

三九

九，謂九有或九有情居。或開爲廿〔二〕五有，如下當說。餘門如下

三三〇 第二弓經火宅頌中當釋。《瑜伽》第四、《正法念經》亦具陳述，此
三三一 説万八千世[二]界六趣衆[三]生於此悉見。經「又見彼土」至「脩行得
三三二 道者」。賛曰：此觀三寶出現有三：一仏，二法，三僧。僧中有二：一聲
三三三 聞，二菩薩。此聲〔聞〕[四]中有其四衆。論云「脩行者未得聖果，得道者
三三四 已得道[五]果」，四衆之中有此二類，因目觀[六]仏[七]耳便聞法，并[八]見彼
三三五 衆隨仏脩行。經「復見諸菩薩」至「行菩薩道」。賛曰：此菩薩也。「因緣」
者是
三三六 所以義，謂[九]爲[一〇]求出生死速證仏果度脱[一一]衆生，爲此因緣脩
三三七 行[一二]菩薩道，或爲嚴浄仏土成就衆生脩菩提[一三]分行菩薩道，或爲
三三八 脩四攝六度行菩薩道，如是等種種所以。「信解」者，信而且解，住

校注

【一】「卅」，《大正藏》作「二十」。【二】「世」，國圖本、《大正藏》皆無。【三】「六趣衆」，國圖本作「亦趣云」。【四】「聞」，唐本無，據《大正藏》補。【五】「道」，國圖本、《大正藏》皆作「聖」。【六】「觀」，《大正藏》作「覩」。【七】「仏」下，《大正藏》有「身」。【八】「并」，《大正藏》作「並」。【九】「謂」，唐本小楷補。【一〇】「爲」下，唐本塗去一字。【一一】「度脱」，《大正藏》作「成就」。【一二】「行」，國圖本無。【一三】「提」下，國圖本有「覺」。

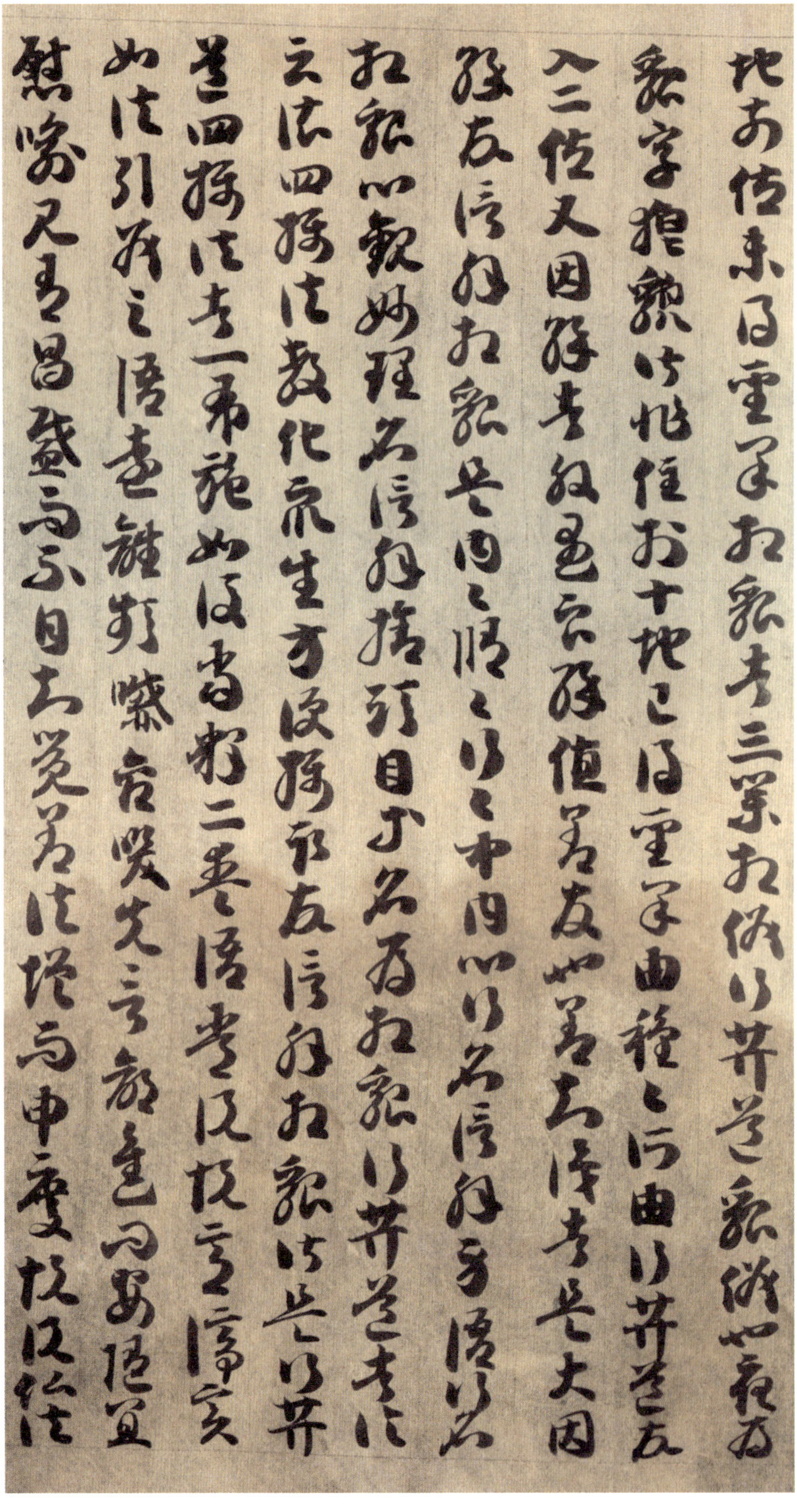

二三九 地前位未得聖果。「相貇[一]」者，三業相儀，行菩薩道貇儀也。應爲

二四〇 「貇」[二]字，「狍」[三]「貌」[四]皆非。住於十地已得聖[五]果，由種種所由行菩

薩道故
三四一 入二位。又「因緣」者外遇良緣值善友也，善知識者是大因
三四二 緣故。「信解」「相貇[六]」是内脩行，内脩行中内心行名信解，身語行名
三四三 相貇[七]；心觀妙理名信解，捨頭目等名爲相貇[八]。「行菩薩道」者，論
三四四 云「依四攝法教化衆生方便攝取」，故信解、相貇[九]皆是行菩薩
三四五 道。四攝法者，一布施，如後當釋。二愛語，常説悦意、諦實、
三四六 如法、引[一〇]義之語，遠離頻⿰口蹙[一一]含咲[一二]先言，命進問安隨宜
三四七 慰喻[一三]，見有昌盛而不自知，覺善法增而申慶悦，説仏法

校注

【一】「貇」，《大正藏》作「貌」，字同。《漢語大字典》：「貇」，同「須」。《龍龕手鑑·豸部》：貇，貌的俗字，「音皃，儀容也」。又「須，同皃（貌）」。【二】「貇」，國圖本作「⿰犭皃」，乃「貌」之俗字。【三】「⿰犭皃」，國圖本作「貇」，《大正藏》作「貌」。【四】「貌」，國圖本作「狠」，《大正藏》作「⿰犭皃」。【五】「聖」，國圖本、《大正藏》皆作「道」。【六】「貇」，國圖本作「狠」，《大正藏》作「貌」。【七】「貇」，《大正藏》作「貌」。【八】「貇」，國圖本作「狠」，《大正藏》作「貌」。【九】「貇」，《大正藏》作「貌」。【一〇】「引」，《大正藏》作「別」。【一一】「⿰口蹙」，《大正藏》作「蹙」，字同。【一二】「咲」，國圖本、《大正藏》皆作「咲」，字同「笑」。【一三】「喻」，《大正藏》作「愈」。

三四八

教恒爲勝益，於己怨仇起清淨意，於極癡者誓除疑

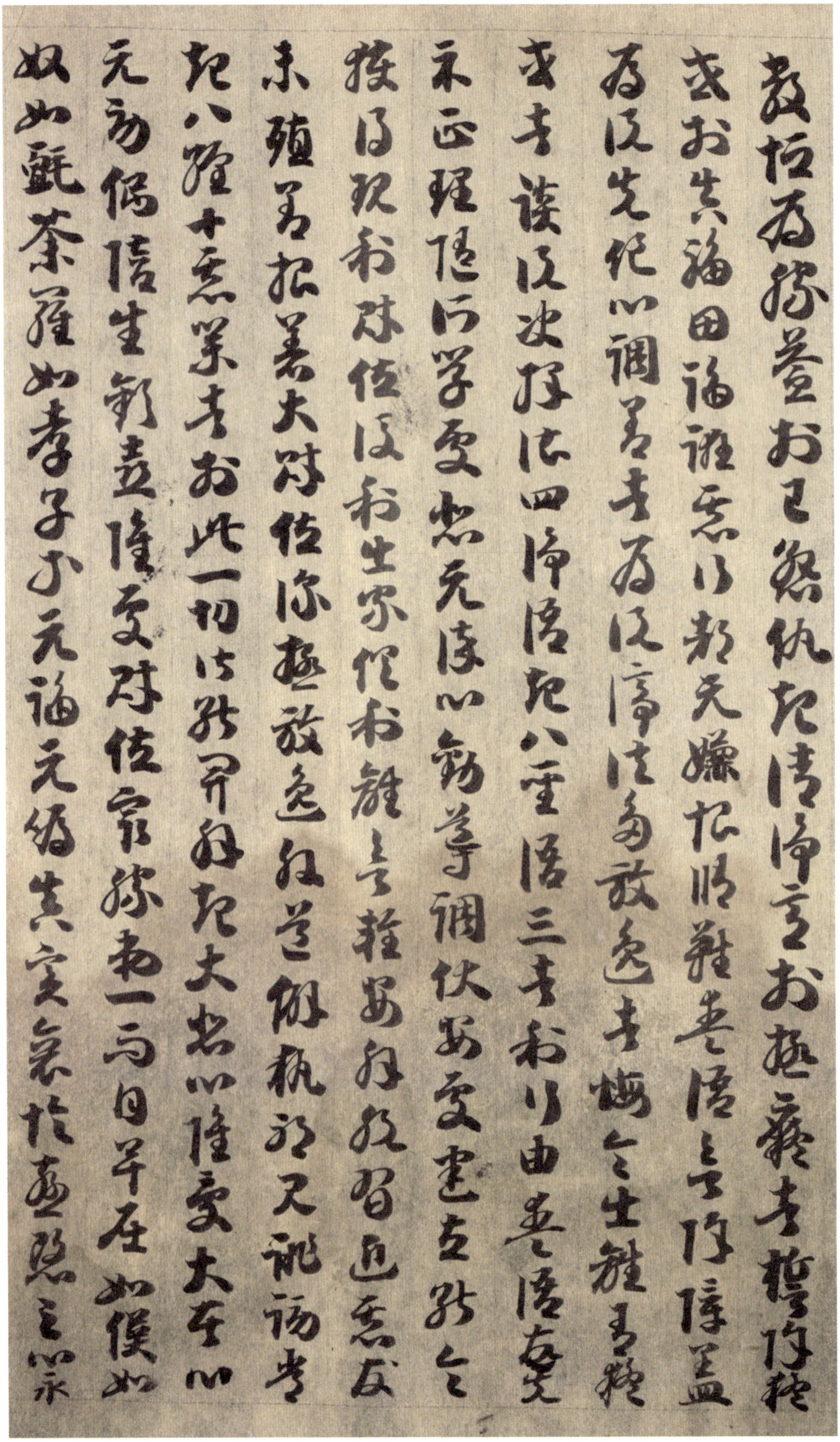

或，於真福田諂誑惡行都无嫌恨脩難愛語，欲除障盖[一]爲説先作，心調善者爲説諦法，多放逸者悔[二]令出離，有疑或者談説决[三]擇，依四浄[四]語起八聖語。三者利行，由愛語故先示正理，隨所學處悲无染心勸導、調伏、安處、建立，能令獲得現利財位、後利出家，俱利離欲、輕安、解脱。習近惡友未殖[五]善根，著[六]大財位[七]深極放逸，外道僻執邪見誹謗，常起八緾[八]十惡業者，於此一切皆能開解起大悲心，雖受大苦心无勞侣[九]倍[一〇]生歡喜，雖處財位寂勝弟一，而自卑屈如僕如奴，如氈[一一]荼[一二]羅如孝子等。无諂[一三]无僞真實哀怜[一四]慈愍之心，永

校注

【一】「盖」，《大正藏》作「蓋」，字同。【二】「悔」，《大正藏》作「誨」。【三】「决」，同「決」。《玉篇·冫部》：决，「俗決字」。【四】「浄」，國圖本作「静」。【五】「殖」，國圖本、《大正藏》皆作「植」。【六】「著」下，國圖本有「者」。【七】「位」下，國圖本有「染」。【八】「緾」，「纏」之俗字，字形始見於魏碑。《大正藏》作「纏」。【九】「侣」，同「倦」，國圖本作「惓」。【一〇】「倍」，唐本似「陪」，依國圖本、《大正藏》作「倍」。【一一】「氈」，國圖本、《大正藏》皆作「旃」。【一二】「荼」，《大正藏》作「茶」。【一三】「諂」，國圖本、《大正藏》皆作「染」。【一四】「怜」，國圖本、《大正藏》皆作「憐」。

不退精四者曰多以此所知見勸化學人二曰明學教化惡行
明曰多善根堅固不生退轉之纔是急此行教乘亦者示
彼曰以發不樂退三四曰不善何能教乘四里於他修受此等
發行曰以菩薩於他以修無量乘此四種之一切以發不作修等
所如無悟諸者二為羅漢又法佛至地七寶讚嘆曰此叡歎法
以化者二入涅槃二地後梵云波和昵縛諦此云圓寂乃是
圓滿體寂靜所以涅槃證也涅槃以六不為　一體二名三曰時四曰人
名體障六入乃有一體者涅槃有四一曰性清淨涅槃二有餘依涅槃
三無餘依涅槃四無住處涅槃此四之體乃大般涅槃有二一通四之
體法一真之如之實三身菩提涅槃能生圓覺名摩訶般若覺性

不退轉。四者同事，以此義利若勸他學亦自脩學，教他知已所脩同事，善根堅固不生退轉，令作是念：「此所教我定有利樂，彼自行故。」不尒便言：「汝自不善，何能教我？汝且於他諮受此事。」故須自行。菩薩利他行雖无量，𠃔此四攝攝一切行，故不論餘，章義如《无垢[一]疏》弟二弓。經「復見諸仏」至「起七寶塔」。賛曰：此覩㓕後行化，有二：一入㓕，二起塔。梵云波利昵[二]縛諵[三]，此云圓寂，即是圓滿體性[四]寂静[五]義，「涅槃」訛也。涅槃以六門分別：一體，二名，三得時，四得人，

五能障，六入意。弟一[六]體者，涅槃有四：一自性清浄涅槃，二有餘依涅槃，三无餘依涅槃，四无住處涅槃。此四之體即大般涅槃，有二[七]。一揔四之體皆一真如，真如具三方成涅槃，能生圓覺名摩訶般若，覺[八]性

校注

【一】「垢」下，《大正藏》有「稱」。【二】「昵」，《大正藏》作「抳」。【三】「諵」，唐本右部「南」同「㒳」，釋從國圖本及《大正藏》。【四】「性」，國圖本、《大正藏》皆無。【五】「静」，國圖本、《大正藏》皆作「滅」。【六】「弟一」，國圖本、《大正藏》皆無。【七】「二」，《大正藏》作「三」。【八】「覺」上，國圖本、《大正藏》皆有「體」。

故在二乘身不生因覺此為覺住不名發心大喜受作之後
喜及喜受作名為發心故色稱云因住清淨心亦名究陀喜
二生行者得名為法身纔證真如得菩薩生位名法身
在二乘等不名法身此初法法行依心故三無學教者解二死名
故為授發在二乘等不說不求死者隆解二種此因授發於二乘
者亦[illegible]因此三乘因中授發之時由此二乘亦名因菩薩於此大發
為不至之故又依菩薩第二為大菩薩發三乃之入大菩薩發心於陀
二空之前法身乃是行陀二種授發乃是由前陀種得者
行因依授發雖如伊字三點菩薩亦不由前陀法身而因授發
法身為本依之事二故如伊字二點在上一點在下而不並者

故，在二乘身不生圓覺，非爲覺性，不名般若。《大智度論》云：「說智及智處皆名爲般若」，故《花嚴》云「自性清淨心亦名无師智」。二出所知障名爲法身，《勝鬘》云「在纏名如來藏，出纏名法身」，在二乘等不名法身，非功德法所依止故。三衆苦都盡離二死故名[一]爲解脱，在二乘等説[二]分段死盡，雖離二縛[三]非圓解脱，然二乘者亦漸[四]得此，三乘同坐解脱之牀[五]，由此二乘亦名得涅槃，然非大般[六]，義不具足故。又依《涅槃[七]》弟二弓，大涅槃要三事〔具〕[八]足[九]入大涅槃。般若能證二空之智，法身即是所證二理，解脱即是由智證理。障盡所得假擇威，體如伊字三點。涅槃亦尒，由智證法身而得擇威，法身爲本依之有二故，如伊字二點在上、一點在下。別不成者，

校注

【一】「故名」，唐本作「名故」，中有倒乙符。【二】「説」，唐本在行右補寫。國圖本、《大正藏》皆無。【三】「縛」，國圖本作「傅」。【四】「漸」，唐本塗去一字，小楷補寫。國圖本、《大正藏》皆作「微」。【五】「牀」，《大正藏》作「床」。【六】「般」，《大正藏》作「涅槃」。【七】「槃」下，《大正藏》有「經」。【八】「具」，唐本無，據《大正藏》補。【九】「足」上，《大正藏》有「具」。「足」下，國圖本、《大正藏》皆有「名」。

三乘條然先來差別許不時同理二不等三乘並不是正一
方名入故實假時故說不等者謂又為實六品猶謂為以
中品法身為以上品三法假時三品為同此二不等豎上六品說
佛等後名攝又三別說等後陀之理二不等由彼大者陀法身
理離猶隨後三乘不一不受名入大乘此如二乘執三乘說先至
三品等後不同未假時同等入乘修不生說教名等義如經
信者十品攝論亦明後佛示入無餘此入大乘所同等佛後已同
故行夜度者法已度說故入乘至來度者亡法同化同度因
勝故起實說性善者於梵云設利羅說此者於者說如穿
叔後云高形云說說也又作末耕照塊已六文云又依其生了

三事條然有其別體，許別時得[一]理亦不成。三事涅槃不異不一[二]
方名入故，要俱時故[三]，縱不成者般若爲寂下品，解脱爲次
中品，法身爲次上品，三法俱時三品而得，此亦不成。竪上下名縱，
傍前後名横。若三別[四]體前後證之理亦不成，由起大智證法身
理，離縛解[五]脱，三事不一不異名入大涅槃，非如二乘執三別體有其
三品，前後別得，或俱時得，成入[六]涅槃。餘別出體釋名等義如《唯
識》弟十弓[七]抄疏[八]。今明彼仏示入无餘，非入大般[九]，初得成仏彼已得
故。所應度者皆[一〇]已度訖故入涅槃，其未[一一]度者亦皆[一二]作得度因
緣，故起寶塔供養舍利。梵云設利羅，體也，「舍利」者訛也[一三]。窣
覩[一四]，波云高顯，言「塔」訛也。又論本科照境已下文云：「又[一五]依器世間

校注

【一】「許別時得」，國圖本無。【二】「一」下，《大正藏》有「要俱時得」。【三】「要俱時故」，國圖本、《大正藏》皆無。【四】「別」，唐本小楷補。
【五】「縛解」，唐本作「解縛」，中有倒乙符。【六】「入」，國圖本作「於」。【七】「弓」，國圖本、《大正藏》作「卷」。【八】「疏」，《大正藏》無。
【九】「般」，《大正藏》作「涅槃」。【一〇】「皆」，《大正藏》作「此」。【一一】「未」下，《大正藏》有「得」。【一二】「皆」下，唐本有「得」，點刪；國圖本、《大正藏》有「爲」。【一三】「也」，《大正藏》無。【一四】「覩」，國圖本作「堵」。【一五】「又」，《大正藏》無。

者傍照万八千竪開六二分是衆生並因者行見六趣衆生
是五種之者六云示現種之類故名修得行見類見此中種
之事故修行爲四一者修得行見得證長成住持爲是修爲種
證長衆生殊勝善法任持衆生善根示現故名爲又云
是示現法性爲見爲菩薩八地已上爲法性云示現任爲應入此
攝又受用爲是爲爲受用法身報爲故名爲二中法如名可
有三明行得四衆明行得道及諸菩薩行菩薩道者四者樂爲信
又入出生死之中實爲樂故又樂有五一自性樂二因樂
三苦對治樂四受斷樂五無損害樂此後有四一出離二遠離
三寂靜四覺法此入菩薩是後四中寂靜樂也菩薩種種者謂六
度中入菩薩已起七寶之塔之高妙五千由旬是又金剎行

者，傍照万八千，竪朗下二界是。衆生世間者，所見六趣衆生是。數種種者，下云示現種種觀故，即餘五所見，觀見此中種種事故。」論開爲四：一者食，謂所見仏資長義，任持義是食義，然資長衆生殊勝善法，任[一]持衆生善根不壞，故[二]名食。又云是示現依止住食，若尔菩薩八地已[三]上，對法亦云[四]示現住食，應入此攝。又受用義是食義，受用法樂能食故名食。二聞法，如名可知。三脩行，謂四衆脩行得道，及諸菩薩行菩薩道者。四者樂，爲[五]所見入滅，生戚戚已彼寂爲樂故。又樂有五：一自性樂，二因樂，三苦對治樂，四受斷樂，五无惱害樂。此復有四：一出離，二遠離，三寂静，四覺法。此入涅槃是後四中寂静樂也[六]。量，種種者解下頌中入涅槃已起七寶塔，寶塔高妙五千由句等是。又重科所

校注

【一】「任」，《大正藏》作「住」。【二】「故」下，唐本塗去一字，《大正藏》有「佛」。【三】「已」，《大正藏》作「以」。【四】「云」，國圖本、《大正藏》皆作「名」。【五】「爲」，國圖本、《大正藏》皆作「謂」。【六】「也」下，《大正藏》有「示現種種觀者，此顯寶塔無數恒沙觀知此故。又觀見此種種事故名種種觀」。

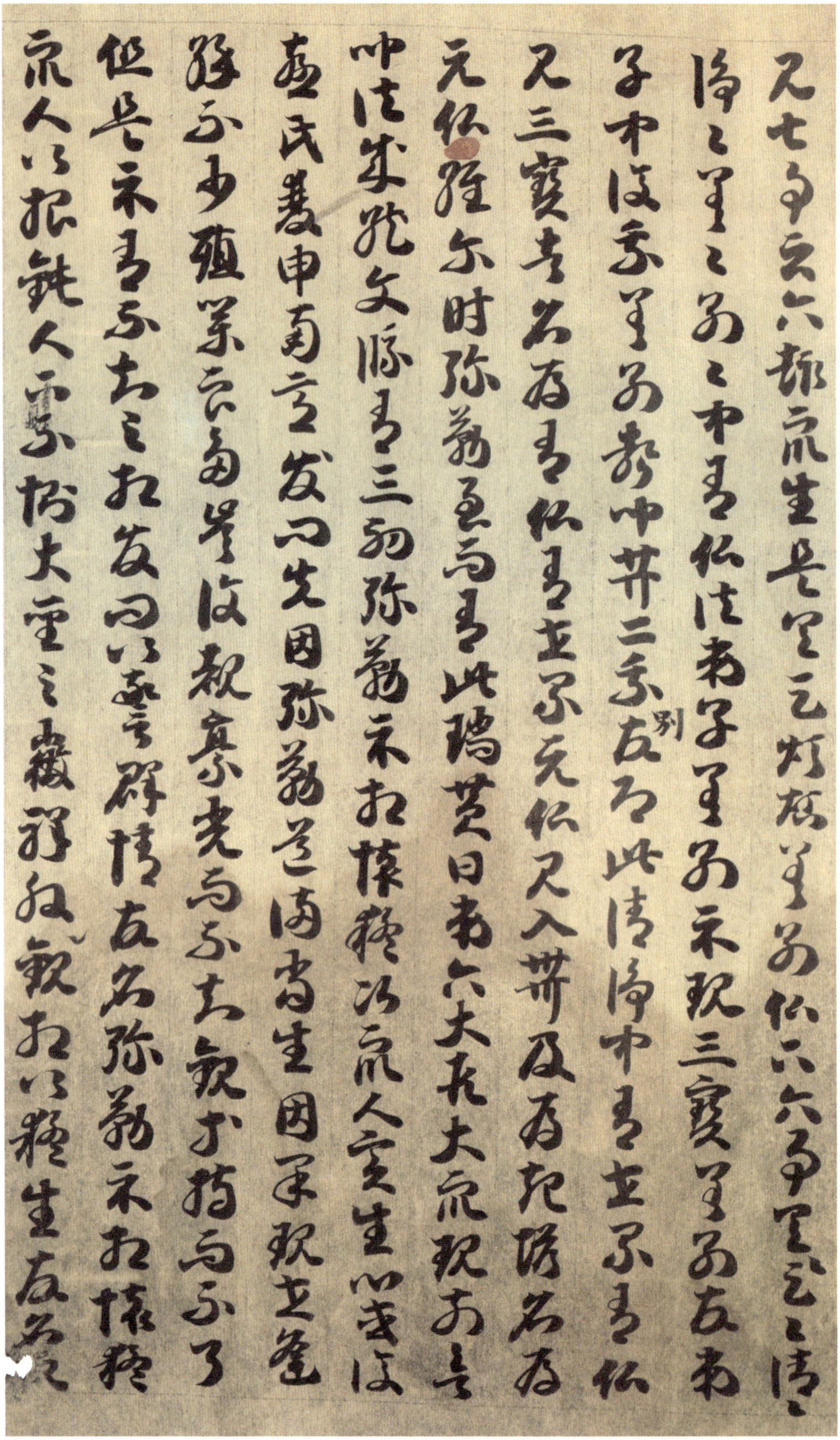

三九九

見七事云：「六趣衆生是具足煩惱差別，仏下[二]六事具足清淨差別，具足清淨差別中有仏、法、弟子差別，示現三寶差別故，弟子中復乘差別、聲聞、菩薩二乘別[二]故，即此清淨中有世界有仏，見三寶者名爲有仏，有世界无仏見入涅槃，及爲起塔名爲无仏。」經「尔時弥勒」至「而有此瑞」。贊曰：弟六大段大衆現前欲聞法成就。文⿰月条[三]有三：初弥勒示相懷疑，次衆人實生心或，復[四]慈氏雙申兩[五]意。發問先因，弥勒道滿當生[六]因果[七]，現世逢緣不少，殖[八]業良多，豈復[九]覩豪光而不[一〇]知，觀等持[一一]而不了，但是示有不知之相，發問以警群情，故名弥勒示相懷疑。衆人以根、地[一二]、人下，不惻[一三]大聖之徵祥，觀外[一四]相以疑生，故名衆[一五]

校注

【一】「下」下，《大正藏》有「足」。【二】「別」，唐本小楷補。【三】「⿰月条」，《大正藏》作「段」。【四】「復」，國圖本、《大正藏》皆作「後」。【五】「兩」，唐本草書似傳統「南」字寫法，釋從國圖本、《大正藏》。【六】「生」，《大正藏》作「主」。【七】「果」，《大正藏》作「成」。【八】「殖」，國圖本、《大正藏》皆作「植」。【九】「復」，國圖本作「後」。【一〇】「不」，國圖本作「莫」。【一一】「等持」，國圖本作「三昧」。【一二】「地」，唐本作「鈍」，據《法華經玄贊要集》卷十二、國圖本、《大正藏》改。【一三】「惻」，國圖本、《大正藏》皆作「測」。【一四】「觀外」，唐本作「外觀」，中有倒乙符。【一五】「衆」，唐本殘缺，據國圖本、《大正藏》釋録。

人天生心或除勝挾自他之勇言發心文殊一人微妙行由
為弟三夜如初中立四一隱瑞微因二果吉詞若三種功上
四讓已方除此初文如妙用天方曰非之通精是名文殊外現
群物立以瑞名瑞乃信也若夜如此問放光普何若夜隱
後因以為問彌勒今佛世尊更請解若世尊曰此眾吉詢若隱
隱明識假住以為問入三昧之理除名示可思議動地雨花
名現希有事雨花動地放光普照救夜物獲法名非
文隱瑞微因行擇理入三昧名為希有事請解若世詢詞若
人彌後作此念至眾今當問贊曰文殊師利者種功上德眾
今當問者讓已方除文殊師利菩薩久集眾因果證佛法

人實生心或。弥勒挾自他之兩意發問，文殊一人徵[一]先所由，故[二]爲弟三段也。初中有四：一牒瑞徵因，二釈奇詢答，三推切上德[三]，四謙己方陳，此初文也。妙用无方曰神，神通轉異名[四]變，外應群物立以瑞名，瑞即信也，符應也。此問放光有何符應？牒[五]説因以爲問。經「今仏世尊」至「誰能答者」。賛曰：此釈奇詢答，牒隨順威儀住以爲問。入三昧之理深名不可思議，動地雨花名現希有事，或雨花、動地、放光、遠照、外應物機皆名神變。牒瑞徵因所攝，唯入三昧名爲希〔有〕[六]事。誰能答者，詢訪答人。經「復作此念」至「我今當問」。賛曰：文殊師利者[七]推切上德，「我今當問」者，謙己方陳。文殊師利道果久成，示居因末紹仏法

校注

【一】「徵」下，國圖本有「前」。【二】「故」，唐本殘損，依國圖本、《大正藏》釋録。【三】「德」，唐本殘損，依國圖本、《大正藏》釋録。【四】「名」，唐本塗去一字，小楷補。【五】「牒」上，《大正藏》有「所以」。【六】「有」，唐本無，據四一五行、《大正藏》補。【七】「者」，國圖本作「等」。

王之法稱曰法王子名已菩親近曰過去殷供養諸佛
植德本是功德以名供養文殊師利和住者四依供養發
菩薩三依名值廿六恒河沙佛友名夜又此常為之所謙也
示大乘今當何說云何於一人為人中之生常為以是友堅何
文殊師利和以為求了難生為人所在能為著堅在一說云示
現佛之前子手和隱所陀說可法示和甚為現大和因友
者大和何何說妙法因何神變今現瑞和為說之因又大和
者為尺瑞和之ㄟ不因之何說法為因友因者何以可神變不大和
之何以如何友堅何文殊示可修人為二法友種於文殊一現尺
請法文殊陀者請法友二難請因殊自以求說彼法友何

王之位，獨得法王子名，已曾親近得遇良緣，供養諸仏深植德本，進財進行名供養故。文殊師利住第四依供養八恒，并前三依合值廿[一]六恒河沙仏故，必[二]應見此希有之相。謙己不知，我今當問。論云：「問於一人，多人欲聞[三]生希有心，是故唯問文殊師利。」心多未了，疑出多人，解在非多，答唯在一。論云：「示現仏与弟子㸦[四]相隨順，證、説等法皆不相違。」爲現大相因故者，大相謂所説妙法，因謂神變，今現瑞相爲説之因。又大相者即見[五]瑞相，瑞相即因，与所説法爲因故。又[六]因者所以，問[七]神變等大相之所以也。何故唯問文殊不問餘人？有二法故推於文殊：一現見諸法，文殊證知諸法故；二離諸因緣，自心成就彼法故。謂

校注

【一】「廿」，《大正藏》作「二十」。【二】「必」上，國圖本有「名」。【三】「欲聞」，唐本「聞欲」，中有倒乙符。【四】「㸦」，字同「互」，國圖本作「更」。【五】「見」，《大正藏》作「現」。【六】「又」，唐本小楷補。【七】「問」下，《大正藏》有「現」。

文殊師利雖法[redacted]捧盡及雖從高并從他中之因緣故行以
接之示現種之瑞相者示現彼之事之能一友若為彼之如彼
事現後住我行足六趣眾生現在彼生死中後若為現後行
足佛法四眾并請菩現在彼住若為彼住足佛入菩并為記
授現在入我友若彼我行足七事元示接老來住而現在我
而後无足入菩為記授若我後行修多事出若現住後又以
文殊說記彼事是友所之文殊師利行化其說因其說行化
者得彼行明化法此者二種一福德二者通因德如因其
說者得一切智其說緣者而教令而在動地入定外德通友
爭復釋云因者者如得現大瑞相此因之果者得後大法文

四二九 文殊師利離諸搆[一]畫，及離比知并從他聞之因緣故，所以
四三〇 推之。示現種種瑞相者，示[二]現彼事，彼事非一故名爲彼彼。如彼
四三一 事現没住烕，所見六趣衆生現在彼生死中没，名爲現没；所
四三二 見仏、法、四衆并諸菩薩，現在彼住名爲彼[三]住；見仏入涅槃，并爲起
四三三 塔，現在入烕[四]，故名彼[五]烕。所見七事无不攝盡。或住即現在，烕
四三四 即没无，見入涅槃[六]爲起塔名烕没，所餘五事皆名現住。論又[七]以
四三五 文殊能記彼事，是故問之。文殊師利所作成就因[八]成就，所作
四三六 者謂彼所脩作法，此有二種：一福德，二智惠，内[九]德滿也。因成
四三七 就者謂一切智成就。緣者[一〇]即放光、雨花、動地，入定[一一]，外德滿故。
四三八 重復釋言。因者相也，謂現大瑞相。此因之果者，謂[一二]説大法，文

校注

【一】「搆」，唐本塗去一字，小楷補，字形乃「構」之俗字。【二】「示」，國圖本作「不」。【三】「彼」，《大正藏》作「現」。【四】「烕」，《大正藏》作「涅槃」。【五】「彼」，《大正藏》作「現」。【六】「槃」下，《大正藏》有「并」。【七】「又」，《大正藏》無。【八】「因」下，《大正藏》有「果」。【九】「内」上，國圖本有「爲」。【一〇】「者」，國圖本、《大正藏》皆無。【一一】「入定」，國圖本、《大正藏》皆無。【一二】「謂」下，國圖本、《大正藏》皆有「所」。

殊外因現瑞內法因發起者佛已後說妙法華經今欲重說問菩薩
爾時比丘眾今當問誰贊曰眾人疑生也是佛光明瑞後
因放光雜通之相瑞義從中雨花動地相相眾人甚歎何以
瑞之生疑人定也眾何者何以不瑞為問以六相人能是在六故
不能問者之入定既不知入于何定亦依何變以生疑故不問
也薩爾時彌勒至文殊師利贊曰此第三段申問言發
問先因為二初長行後重頌長行為二初申疑問言菩薩以何
因緣至因不疑菩贊曰此後發問先因為其此瑞神也非通
相者瑞義從中雨花動地放光明等瑞後因也彌勒揆自他

殊外因既満，内德復圓，故能知[一]仏亦説妙法果，故今推問。經「尓時比丘」至「今當問誰」。贊曰：衆人實生心或也。是仏光明膘[二]説因放光，神通之相膘威儀中雨花、動地。外相衆人共覩，所以膘之生疑，入[三]定非衆所知，所以不膘爲問，以下[四]根、人、地[五]並居下故不能惻[六]知[七]之入定，既不知入于[八]何定，亦依何處以生疑，故不問也。經「尓時弥勒」至「文殊師利言」。贊曰：下弟三段雙申兩意發問先因，有二：初長行，後重頌。長行有二：初[九]雙申[一〇]兩意。經「以何因緣」至「國界莊嚴」。贊曰：此復[一一]發問先因。「而有此瑞[一二]」，揔也。「神通〔之〕[一三]相」者，膘威儀中雨花、動地。「放光明」等，膘説因也。弥勒挾自、他

校注

【一】「知」，國圖本作「如」。【二】「膘」，國圖本作「段」。【三】「入」，唐本作「人」，據國圖本、《大正藏》改。【四】「下」，國圖本、《大正藏》皆無。【五】「地」，唐本作「鈍」，據《法華經玄贊要集》卷十二、國圖本、《大正藏》改。【六】「惻」，《大正藏》作「測」。【七】「知」下，《大正藏》有「佛」。【八】「于」，國圖本作「於」。【九】「初」上，《大正藏》有「此」。【一〇】「雙申」，唐本作「申雙」，中有倒乙符。【一一】「復」，國圖本、《大正藏》皆作「後」。【一二】「瑞」，國圖本作「意」。【一三】「之」，唐本無，據經本、國圖本補。

以為所緣外境為生因故義勝境以生微示勝入空以為所外
人示聽入空六二示所入空故也書見彼佛國示莊嚴者所攝理
所經言三種種佛國土者示現淨國土中種種事示現為
化四眾六趣眾生所見穢國及淨妙國土示現攝眾生住處
為化十地菩薩所現淨土於彼國土佛為上首者謂菩薩等依佛
住故佛於二國得自在故長勝等文所以所見之中生彼佛為上
首凡從金剛至十地由一者利鈍勤根二者所從勤眾三者直
趣勤樂四者難易勤般五者生從勤德六者所攝勤八長
以所善所文攝處七者攝報勤得長以攝所文報八者勤並
勤得長以為無礙所中并無礙九者所攝勤業長以為所
法所中為攝法十者從以勤得長以為樂從者所文為樂以

以爲問，覩外瑞而共同故，雙牒瑞以生徵，不牒入定以爲問；外人不疑入定，下亦不頌入定故也。「悉見彼仏國界莊嚴」者，論揔解經意云：「種種仏國土者，示現彼國土中種種差別，示現爲化四衆、六趣衆生所見[一]穢國，及浄妙國土无煩惱衆生住處，爲化十地菩薩所現浄土[二]。於彼國土仏爲上首者，諸菩薩等[三]依仏住故，仏於二國得自在故。」長牒前文，所以所見之中先説仏爲上首。凡説重頌有十所由：一爲利、鈍兩[四]根；二爲前後兩衆；三爲直、曲兩樂；四爲難、易兩解；五爲真[五]、俗兩隨；六爲取、捨兩分，長行取善，頌文捨惡；七爲標、釋兩則，長行標，頌文釋；八爲智、弁兩殊，長行智无盡，頌中弁无盡；九爲解、持兩異，長行爲解法，頌中爲持法；十爲説、行兩別，長行爲樂説者[六]，頌文爲樂行

校注

【一】「見」，國圖本、《大正藏》皆作「現」。【二】「土」，國圖本、《大正藏》皆作「國」。【三】「等」，國圖本作「衆」。【四】「兩」，國圖本作「二」。【五】「真」，國圖本作「直」。【六】「者」下，國圖本有「以悲智故」。

者行此十日　於就之問後　直出難集修　所指及總釋
初齊頌後行　長行之行六頌分曰無眼或有世　若難之問後
文殊師利等　是也直至于問　至六文中一之意頌經於是除
義云大光普照　贊曰梵云伽陀此翻為頌頌者美也歌也行
中文曰頌美盛德歌頌之詞略云偈此頌陷頌者從詮義故
意於名句正為所依分及音反文於有情分別生定解所者
上至無為說有名句文更无別體分曰分別行於依文及聲
者此乃實靈也卅二字變十行凡有六十二行分之為二初
五十四行之問偈初後八行之正興問初中後三初一行之問後因
中放光照於三行之問我所雨花動地下後五十行之後因

四五九 者[一]。頌此十曰：「利鈍与前後，直曲難真俗，取捨及摽釋，

四六〇 智弁解説行。」長行与頌六義不同。「廣略或有無，合離与前後，

四六一 文質并隱顯，是曲直差別。」至下文中一一當顯。經「於是弥

四六二 勒」至「大光普照」。賛曰：梵云伽陁[二]，此翻爲頌[三]，頌者美也歌也，頌

四六三 中文句極美麗故，歌頌之[四]。訛略云偈。此祇焰頌，進詮體義

四六四 劣於名句，退爲所依不及聲文，故[五]於百法不別建立。然以聲

四六五 上屈曲爲體，即名句文更无別性，不同小乘頌依於[六]文及文士[七]

四六六 者，此乃室盧迦卌[八]二字處中頌[九]。凡有六十二頌，分之爲二：初

四六七 五十四頌頌前瑞相，後八頌頌正興問。初中復三：初一頌頌前説因

四六八 中放光能照，次三頌頌前[一〇]威儀[一一]雨花動地等，後五十頌頌説因

校注

【一】「者」下，國圖本有「皆知云故」。【二】「陁」，國圖本作「他」。【三】「頌」，唐本塗去一字，小楷補。【四】「之下」，國圖本、《大正藏》皆有「故」。【五】「文故」，唐本作「故文」，中有倒乙符。「文」，國圖本作「聞」。【六】「依於」，唐本作「於依」，中有倒乙符。【七】「士」，國圖本作「上」。【八】「卌」，《大正藏》作「三十」。【九】「頌」下，國圖本、《大正藏》皆有「也」。【一〇】「前」，國圖本無。【一一】「儀」下，國圖本、《大正藏》皆有「中」。

中照境行人此初如光能發光照能雨花六示日中高及示日但
文便反菩薩雨曼陀羅花地六種淨菩薩曰六三能感從中三事
一能宋雨花宋能動地一能四眾歡喜此能雨花示能入定光
自高示同眾亦示雜長行四花此能二香雜香示曰花為旃檀
香風不以白旃檀香氣一可速中反故一切眾以地六種淨乃至
長行高光示曰菩薩為此土示菩薩曰來方眾菩薩曰初二能白動
地住一能四眾歡喜菩薩看見光明菩薩上菩薩高頂菩薩曰六菩
十能之照境行人示之為二初一能宋能照境反卌八能宋能行人照
能其土見照境如法如金色菩薩一可金反光隨白色表一示
為本行照如金表一示一可金表示釈法紅淨表之相金隨一示然

中照境所見。此初也，先[一]頌放光，後頌雨花，六不同中前後不同，隨文便故。經「雨曼陁羅」至「地皆嚴淨」。賛曰：下三頌[二]威儀中三事：一頌半雨花，半頌動地，一頌四衆歡喜。此頌雨花，不頌入定[三]，自知不問，衆亦不疑。長行四花，此頌二者，合、離[四]不同，花爲旃[五]檀[六]，香風即以[七]白檀，香氣可遠聞故悅可衆心。地皆嚴淨乃与長行有无不同。經「而此世界」至「得未曾有」。賛曰：初二句頌[八]動地，後一頌頌四衆歡喜。經「眉間光明」至「上至有頂」。賛曰：下五十頌頌照境所見，分之[九]爲二：初一頌半頌照境，後卌[一〇]八頌半頌所見。此頌器世間[一一]，即照境也。「皆如金色」顯可重故，光雖白色，表一乘爲本，所照如金，表[一二]一乘可重，或示現諸仏淨土之相，令脩一乘外

校注

【一】「先」，國圖本作「告」。【二】「頌」下，國圖本、《大正藏》皆有「頌」。【三】「定」下，唐本有「是」，點刪。國圖本、《大正藏》皆無。【四】「合離」，唐本作「離合」，中有倒乙符。【五】「旃」，《大正藏》作「栴」。【六】「檀」，唐本右旁「木」皆作「扌」，草書混寫。【七】「即以」，國圖本、《大正藏》皆作「似赤」。【八】「句頌」，唐本作「頌句」，中有倒乙符。【九】「之」，《大正藏》作「齊」。【一〇】「卌」，《大正藏》作「四十」。【一一】「間」，國圖本作「界」。【一二】「表」，國圖本、《大正藏》皆作「彰」。

第三因者如金色象六齒香象六牙殊特中亦現淨土有者
唯白光乃金色雖清淨界中衆於此處見其日六卌八千世界
下見六趣者七趣中不界入無文不為六趣一世界六趣衆生
次世界之見但次六界世界中清次一世界四衆次世一世界
菩薩後七界之我後記悉此為所為衆生土一界中眾之界報
第何生死是趣通為業本行報是何為六趣果我行報果
謂何生死以業招報依者有情為勝報有唯自報言善惡
業招受之報之果之體之是行報果善惡業招為勝報因
由善業為異熟因感果為因招受之人之天之果之趣之報之
以善惡衆生行招受有惡業為異熟因感果為因招受三之

四七九 果之因，故如金色，至下當知。下文殊頌中亦現浄土故，或豪

四八〇 雖白，光乃金色。經「諸世界中[一]」至「於此悉見」。賛曰：下卌[二]八頌半

頌[三]

四八一 所見六事，前七事中不頌入滅。文分爲六：初一頌半頌六趣衆生，

四八二 次半頌頌見仏，次六頌半頌聞法，次一頌半頌四衆，次卅[四]一頌半頌行

四八三 菩薩道，後七頌頌滅後起塔。此初也，即衆生世間中，具足煩惱

四八四 差別。生死是揔，通惑、業、苦；所趣是別，即六趣果。或所趣[五]果

四八五 體即生死，以業、煩惱、假者有情爲能趣故。經自釋言「善惡

四八六 業緣受報好醜」，受報好醜是所趣果，善惡業緣爲能趣因，

四八七 由善業爲異熟因、貪等爲潤緣，受人天好揔報；受[六]人天好揔報，

四八八 行善衆生所歸處故。惡[七]業爲異熟因、貪等爲潤緣，受三惡

校注

【一】「中」，國圖本無。【二】「卌」，《大正藏》作「四十」。【三】「頌」，國圖本無。【四】「卅」，《大正藏》作「三十」。【五】「趣」，國圖本作「起」。【六】「受」，國圖本、《大正藏》皆無。【七】「惡」上，國圖本、《大正藏》皆有「由」。

惡之報之瞋之理之教之行惡衆生所得受苦名爲所報於此
意又中事業等故名爲能報能異並可名報後受內異
謂子名爲所報如事等之　歎爲甚義　焉爲審
要爲群　法爲分別　可以所爲爲所報依有事情
以苦惡報爲生死所報六明聖之清淨果子爲五種之經又
教諸佛聖主隨子贊曰此第四明又佛隨子爲重之主之爲
諸佛以六根上天是日出名隨子寶生共因緣名聖主衆生之
主爲諸佛如羅演說羅蜜爲衆生開悟衆生贊曰六六行半行中
法分二初三行半中四無礙後三行之中三無此初四句中有無
次一行中法無次一行中詞無次一行中辯才無次後諸樂說

趣醜揔報，三惡趣醜揔報行，惡衆生所歸處故，名爲所趣。於此悉見中有業、煩惱，名爲能趣。外器世間名趣資具，内異熟果名爲所趣。如有頌言：「獸歸林藪，鳥歸虚空，聖歸涅槃，法歸分别。」即以所歸爲[一]所趣，假者有情以善惡趣爲生死所趣。下[二]明具足清浄差别，即數種種。經「又覩諸仏聖主師子」。賛曰：此半頌明見仏。師子即聖主，聖主即諸仏，以下釋上。无畏自在名師子，宾[三]真洞俗名聖主，衆聖之主即諸仏也。經「演説經典」至「開悟衆生」。賛曰：下六頌半頌聞法，分二：初三頌半頌聞四弁，後三頌頌聞三乘。此[四]初也。初半聞義无㝵，一頌聞法无㝵，一頌聞詞无㝵，一頌聞弁才无㝵。義深名「微妙」，

校注

【一】「爲」下，國圖本有「其」。【二】「下」，《大正藏》作「論」。【三】「宾」，《大正藏》作「冥」，字同。【四】「此」下，《大正藏》有「即」。

上乘名為一義無為故也義雖諸清淨者所入以名乘要
法無為故也義理名深妙難攝名乘中妙所詮方名為至
乘詞無為故也種種因緣法之道理以無量喻詮譬說也法
喻義并略有二義一顯明佛法二開悟眾生升至無為故也
薩乃人畫本至為後淨覺一菩曰此中三乘教中緣覺并
如次配此三行厭苦於散及厭於所云不甚後為也善化於
獄謹及飽也薩文法師於是令當略後菩曰此一行果行四凡
眾因緣於有後明叔波四眾限行得道教伏眾多凡中乃
報緣有所凡及于信多明凡四眾令此薩中宗明一乘不緣

四九九 上乘名「弟一」，義无㝵解也。教離垢染名「清淨」，善順人心名「柔

耎[一]」，

五〇〇 法无㝵解也。契理名「深妙」，應機名「樂聞」，妙順諸方名各於世

五〇一 界，詞无㝵解也。種種因緣法之道理，以无量喻諸譬况[二]也。法

五〇二 喻雙開略有二義，一照明仏法，二開悟衆生，弁才无㝵解也。

五〇三 經「若人遭苦」至「爲説淨道」。賛曰：此聞三乘，聲聞、緣[三]覺、菩薩

五〇四 如次配此三頌。「厭」音於艷反，厭淤猶足[四]不欲後[五]爲也。有作「猒」

五〇五 於[六]饜反，飽也。經「文殊[七]師利」至「今當略説」。賛曰：此一頌半頌見

四[八]

五〇六 衆。因結[九]於前，便明覩彼四衆脩行得道相狀衆多。「見聞若

五〇七 斯」結前所見，「及千億事」明見四衆。今此經中宗明一乘，不能

校注

【一】「耎」，《大正藏》作「軟」。【二】「况」，《大正藏》作「況」，字同。【三】「緣」，《大正藏》作「獨」。【四】「足」下，國圖本、《大正藏》皆有「而」。【五】「後」，《大正藏》作「復」。【六】「猒於」，唐本作「於猒」，中有倒乙符。【七】「殊」，唐本初作「師」，後以朱筆改作「殊」。【八】「見四」，唐本作「四見」，中有倒乙符。【九】「結」，唐本原作「緣」，旁以朱筆改作「結」。

是第四無行住依無漏六明修至明處中六明菩薩無
是子雜無又波羅蜜為求佛道莫日有卅一行中行菩薩六
三初一行之種之因雜以十七行之種之果十三行果行種之
信解者長行中以解雜因行從凡至聖所修先後各行先
依解雜修明因行以修者為者修果論者十地有修無漏
雜修以第修六波羅蜜以修解者修者修修亂修修惟第
修者更雜友為修為轉修六度成者三信又覺以為初功
之中於一行中修一行亂修者修為此修解初地至七地滿
前二為中於一行中修一切行有修無修二修雜修八地至十地
滿前三為中一切行中修一切行純無漏修後二為修為此初歡
十地雜無初地行擅乃至十地為修為變於第變中隨力隨

具列餘四衆行，故例衆多。「我今略説」，上明聲聞，下明菩薩，即乘差別。經「我見彼土」至「而求仏道」。賛曰：下卅[一]一頌半頌行菩薩道，分三：初一頌頌種種因緣，次十七頌頌種種相貌，後十三頌半頌種種信解。前長行中以外緣内行從[二]凡至聖階降先後，今頌先依外緣，後明自行，自行以勝劣爲前後，相貌者十地有漏无漏[三]雜脩，次弟脩六波羅密行，信解者唯有漏脩，乱[四]脩非次弟[五]，勝劣既殊，故前後别。然脩六度略有三位，見道以[六]前，初刧之中，於一行中唯脩一行，乱脩有漏即此信解。初地至七地，滿弟二刧中，於一行中脩一切行，有漏无漏二皆雜脩。八地至十地，滿弟三刧中，一切行中脩一切行，純无漏脩，後二刧脩即此相貌。《十地經》云[七]：「初地行擅乃至十地而脩智[八]度，於餘度中隨力隨

校注

【一】「卅」，《大正藏》作「三十」。【二】「從」，《大正藏》作「説」。【三】「有漏无漏」，國圖本、《大正藏》皆作「無漏有漏」。【四】「乱」，《大正藏》作「亂」，字同。【五】「弟」，國圖本無。【六】「以」，國圖本作「已」。【七】「云」，國圖本、《大正藏》皆作「言」。【八】「智」下，國圖本有「六」。

不能分明習故此初發名十地明了次第反以無大故信解
名是凡夫已去以能緣故從亂明故此行因緣悟如并等
梵云殑伽訛略云恒河非之名因從沒殑書其跂反去
都羅中從恒河為醫無熱惱池生四大河此乃一如一由旬面二面
五人共為猶如入沒花裏拔免生王三隆羅摩護名字者
言四伽為遠此量從娘法王人流共要故為為醫伽那初
生池口可卅里從以為醫羅要等以能見求伽為重其日二十
七地之初發中不二初十王修六度次習二蓋圓滿從之為修
八風不動三昧攝物修六度中不六初六修施次二戒次一忍
次一勤次二定後五慧此施等三初四福對次一內福後一內對福

分，非不脩習」，故此相貌即十地脩，有次弟故，行廣大故。信解即是見道已前，行非勝故，説乱脩故。此頌因緣。「恒沙菩薩」者，梵云殑[一]伽，訛略云恒，河神之名，河從彼稱，殑音其矜反，去[二]聲[三]。經中説恒河〔沙〕[四]爲喻，无熱惱池出四大河，此即一也。一由沙多；二由世人共爲福水，入洗罪咸，投[五]死生天；三雖經劫壞名字常定；四仏多近此宣説妙法；五人衆[六]共委，故多爲喻，仍取初出池口方冊[七]里沙以爲喻。經「或有行施」至「求仏智恵」。賛曰：下十七頌頌相貌，中分二：初十五頌頌六度，次習二益圓成。復[八]之兩頌八風不動、三悲接物。頌六度中分六：初六頌施，次二戒，次一忍，次一勤，次二定，後三恵。此施有三：初四外財，次一内外，後一内財。外

校注

【一】「殑」，唐本右旁「克」似「尭」，釋從國圖本及《大正藏》。【二】「去」上，國圖本有「今之」。【三】「聲」下，《大正藏》有「也」。

【四】「沙」，唐本無，據國圖本、《大正藏》補。【五】「投」，《大正藏》作「没」。【六】「人衆」，《大正藏》作「衆人」。【七】「冊」，《大正藏》作「四十」。【八】「復」，國圖本、《大正藏》皆作「後」。

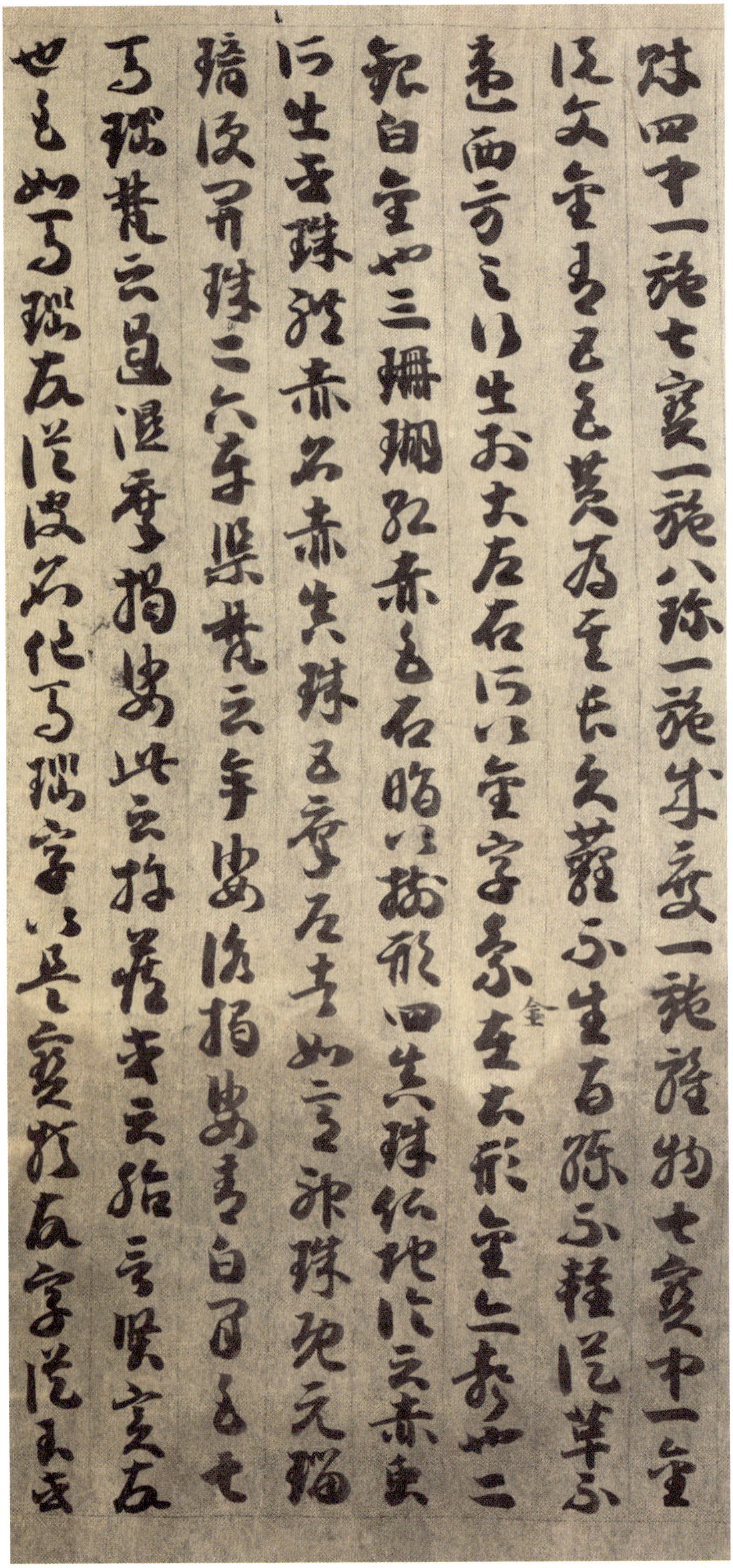

五二九 財四中，一施七寶，一施[一]八珎[二]，一施[三]成度，一施[四]雜物。七寶中，一金。

五三〇 《說文》「金有五色，黃爲其長，久薶[五]不生[六]，百練不輕[七]、從[八]革不

五三一 違。西方之行生[九]於土，左右[一〇]，所以金字象金[一一]在土形」，金亦聲[一二]也。二

五二 銀，白金也。三珊瑚，紅赤色石脂[一三]，似[一四]樹形。四真珠[一五]，《仏地論》云：
「赤虫
五三 所出，或珠體赤名赤真珠。」五摩尼者，如意神珠[一六]。既无瑠[一七]
五四 璃，便開珠二。六車渠[一八]，梵云牟娑[一九]洛揭婆[二〇]，青白間色。七
五五 馬瑙[二一]，梵云遏濕摩揭婆[二二]，此云杵藏，或云[二三]胎言[二四]，堅實故
五六 也[二五]。色如馬瑙[二六]，故從彼名作馬瑙字。以是寶類故字從玉；或

校注

【一】「一施」，《大正藏》作「次施」。【二】「珎」，《大正藏》作「珍」，字同。【三】「一施」，《大正藏》作「次施」。【四】「一施」，《大正藏》作「後施」。【五】「薶」，同「埋」。《大正藏》作「⿱薶土」。【六】「生」下，今本《說文解字》有「衣」。【七】「輕」，國圖本作「壞」。【八】「從」，《大正藏》作「徙」。【九】「生」，唐本作「出」，據今本《說文解字》、國圖本改。【一〇】「左右」，今本《說文解字》、《大正藏》上有「從土」，《說文解字》下有「注」。【一一】「金」，唐本小楷補。【一二】「金亦聲」，今本《說文解字》作「今聲」，《大正藏》作「今亦聲」。【一三】「脂」，國圖本作「胎」。【一四】「似」，唐本作「以」，據《大正藏》改。【一五】「珠」下，國圖本、《大正藏》皆有「即赤真珠」。【一六】「珠」下，《大正藏》有「也」。【一七】「瑠」，《大正藏》作「琉」。【一八】「渠」，《大正藏》作「璖」。【一九】「娑」，國圖本作「婆」。【二〇】「婆」，唐本作「娑」，據國圖本、《大正藏》改。【二一】「瑙」，《大正藏》作「瑙」，字同。【二二】「婆」，唐本作「娑」，據國圖本、《大正藏》改。【二三】「云」，國圖本、《大正藏》皆作「言」。【二四】「言」，《大正藏》作「藏者」。【二五】「也」，國圖本無。【二六】「瑙」，此行兩見，《大正藏》皆作「腦」。

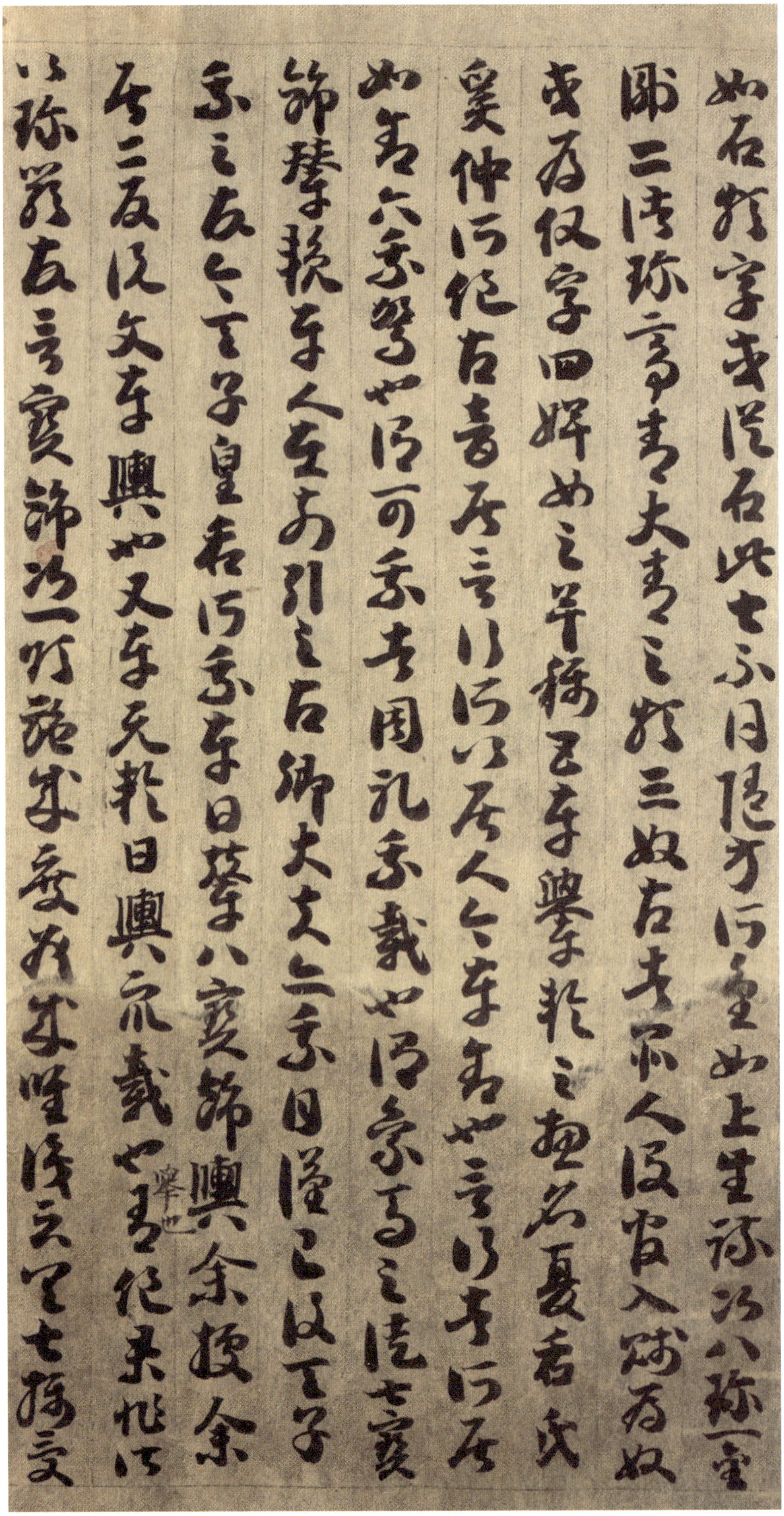

五三七 如石類，字或從石。此七不同，隨方所重，如《上生疏》。次[一]八珍[二]，一金

五三八 剛。二諸珍，帝青、大青之類。三奴，古者罪人，没[三]官入賤爲奴，

五三九 或爲仅〔四〕字。四婢，女之卑稱。五車，轝〔五〕輪之捴名。夏后氏

五四〇 奚仲所作，古音居，言行所以居人，今〔六〕車舍也，言行者所居

五四一 如舍。六乘，駕也，謂可乘者〔七〕，《周礼》「乘，載也」，謂象馬之徒。七寶

五四二 飾輦，輓車人在前引之。古卿大夫亦乘，自漢已後天子

五四三 乘之，故今天子皇后所乘車曰輦。八寶飾輿，余據余

五四四 居二反，《説文》「車輿也」。又車无輪曰輿〔八〕，衆〔九〕載也，轝也〔一〇〕，有作

「乑〔一一〕」，非〔一二〕。皆

五四五 以珎嚴，故言「寶飾〔一三〕」。次一頌施成度義。《成唯識》云「具七攝受

校注

【一】「次」下，國圖本、《大正藏》皆有「頌」。【二】「珎」，《大正藏》作「珍」，字同。【三】「没」，《大正藏》作「役」。「没」與「役」草書每混而不分，此依文義釋「没」。【四】「仅」，國圖本作「奴」。《説文解字·女部》：「仅（仅），古文奴，从人。」【五】「轝」，國圖本、《大正藏》皆作「輿」，字同。【六】「今」下，國圖本有「曰」。【七】「者」下，國圖本有「耳」。【八】「輿」下，國圖本有「也」。【九】「衆」，《大正藏》作「乘」。「衆」下，國圖本、《大正藏》皆有「也」。【一〇】「轝也」，唐本小楷補。《大正藏》無。以是觀之，寫卷楷書作「轝」。今卷中草書「轝」，嘗試依《龍龕手鏡·乙部》釋「乑」，識者鑒之。【一一】「乑」，國圖本、《大正藏》皆作「輿」。【一二】「非」下，《大正藏》有「也」。【一三】「飾」下，國圖本有「也」。

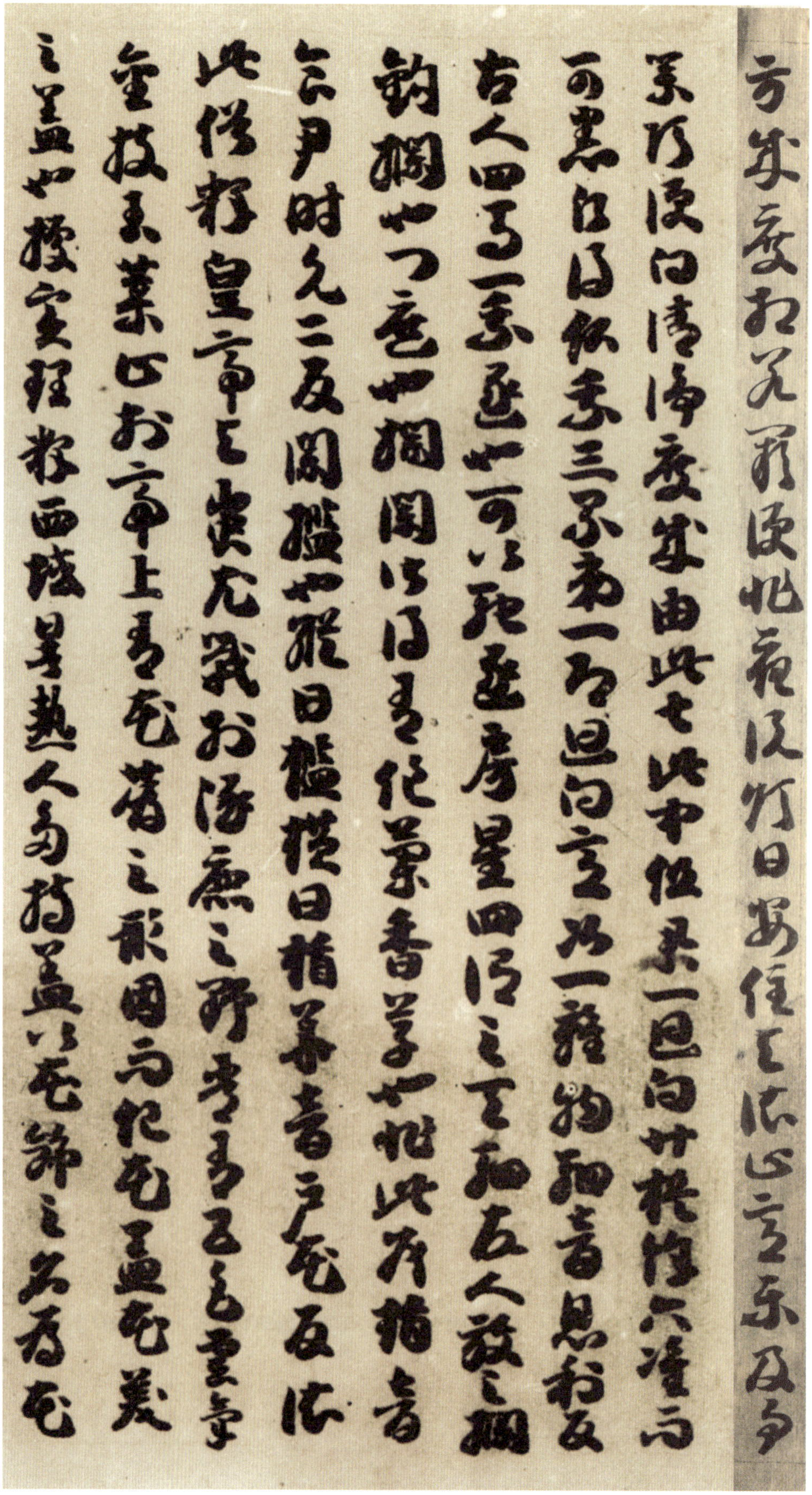

五四六

方成度相，若闕便非」。應説頌曰：「安住、与依止，意樂、及事〔二〕

五四七 業，巧便、向清浄，度成由此七。」此中[二]但凡一迴向菩提[三]，餘六准而

五四八 可悉。「願得仏乘三界弟[四]一」即迴向意。次一雜物。駟，音息利反，

五四九 古人四馬一乘逐也，可以馳逐；房[五]星四謂之天駟，故人放[六]之。欄[七]，

五五〇 鈎欄也，門遮也。欄、闌皆得。有作蘭，香草也，非此義。楯，音

五五一 食尹、時允[八]二反，闌[九]，檻也[一〇]。縱[一一]曰檻，横曰楯。華，音户花反。依

五五二 此俗釋，皇[一二]帝与蚩尤戰於涿鹿之野，常有五色雲氣

五五三 金枝[一三]玉菜[一四]止於帝上，有花蘤之形，因而作花[一五]盖[一六]，花美

五五四 之盖也。據實理釋，西域暑熱，人多持盖以花飾之，名爲花

校注

【一】以上五百四十六行存故宮博物院。下行起，計五百一十二行，原藏上海博物館。【二】「中」，國圖本作「等」。【三】「菩提」，唐本作「卄提」。【四】「弟」，《大正藏》作「第」。古通。【五】「房」，國圖本作「居」。【六】「放」，《大正藏》作「效」。【七】「欄」，唐本右旁「木」皆作「扌」，草書混寫。【八】「允」，《大正藏》作「名」。【九】「闌」，國圖本作「欄」。【一〇】「也」，國圖本無。【一一】「縱」，國圖本「糸」作「彳」。【一二】「皇」，國圖本、《大正藏》皆作「黄」。【一三】「枝」，唐本「木」旁如「扌」，草書混同。【一四】「菜」，《大正藏》作「葉」，字同。唐本避李世民諱，「世」或作「云」或作草書。【一五】「花」，國圖本作「華」，字同。【一六】「盖」，《大正藏》作「蓋」，字同。

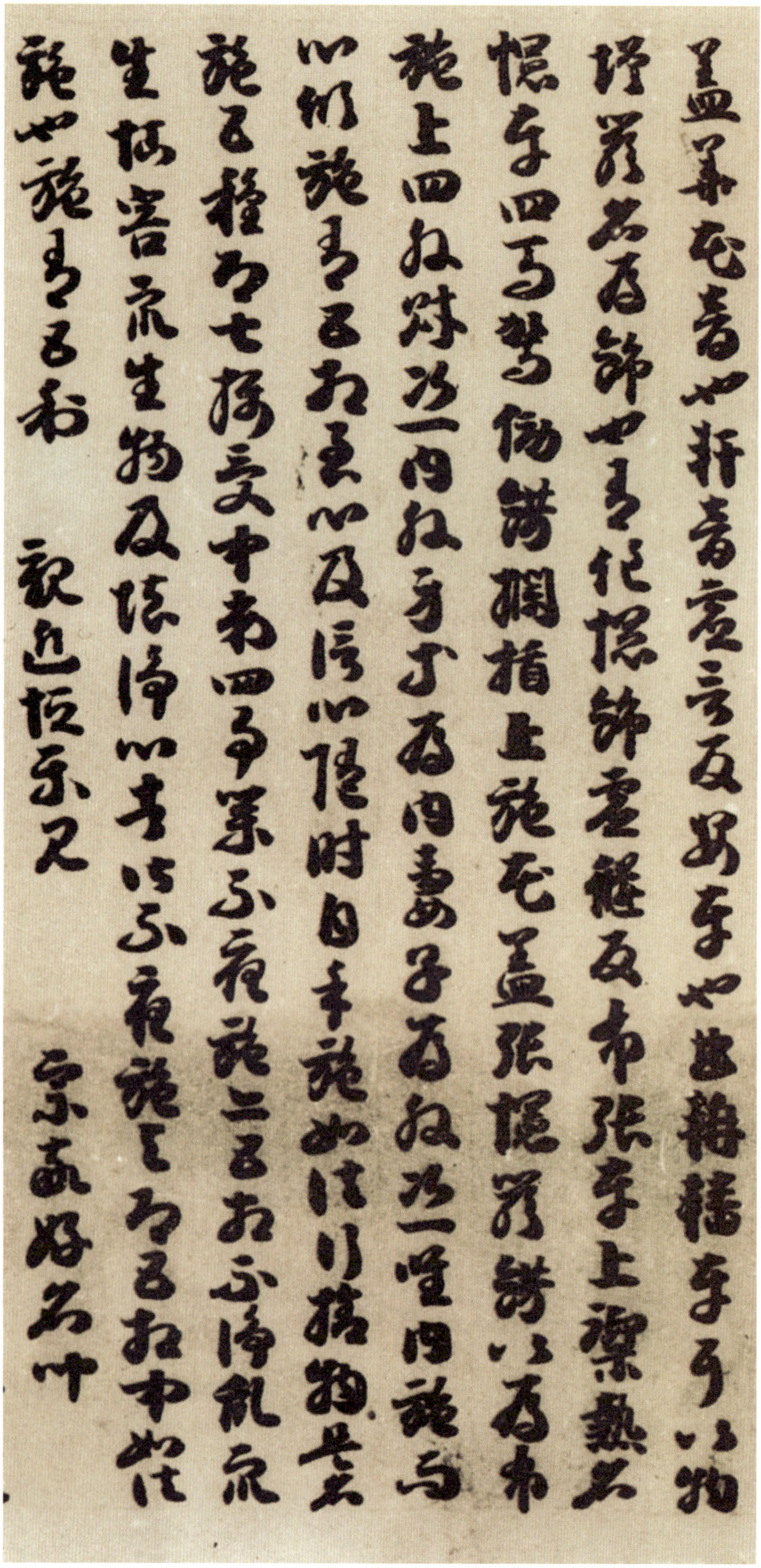

五五五 蓋。華，花音也[一]。軒，音虛言反，安車也。曲輈轓[二]車耳。以物

五五六 增[三]嚴名爲飾也。有作「幰」[四]飾[五]虛偃[六]反，布張[七]車上禦[八]熱名

五五七 幰。車四[九]馬駕，傍[一〇]鎊[一一]欄楯，上施花盖，張幰[一二]嚴鎊，以爲布
五五八 施。上四外財，次一内外。身等爲内，妻子爲外。次一唯[一三]内，施而
五五九 心欣。施有五相，至心及信心、隨[一四]時、自手施、如法行、捨物，是名
五六〇 施五種，即七攝受中弟四事業。不應施亦五相，不浄、乱[一五]衆
五六一 生、惱[一六]害[一七]衆生物及壞[一八]浄心者，皆不應施与。即五相中如法
五六二 施也。施有五利：親近恒樂見，宗敬好名聞，

校注

【一】「花音也」，國圖本「花」上有「華」（少中竪），無「也」。《大正藏》「花」上有「是」。【二】「幡」，唐本與國圖本作「轓」，此形始於漢隸。【三】「增」，國圖本作「僧」。【四】「幰」，唐本「巾」旁作「忄」，「巾」旁古寫本每混作「忄」。「憲」，唐本作「悬」，乃「憲」之俗字。【五】「飾」，國圖本作「餙」。【六】「偃」，唐本作「偃」，國圖本少「乚」。此形見黄征《敦煌俗字典》。【七】「張」，國圖本作「悵」。【八】「禦」，國圖本作「御」。【九】「四」，國圖本作「駟」。【一〇】「傍」，唐本字形似「働」。【一一】「鎊」，《大正藏》作「飾」，字同。【一二】「幰」，國圖本作「軒」。【一三】「唯」，國圖本作「准」。【一四】「隨」，唐人碑刻及小楷寫卷多作「随」。【一五】「乱」，《大正藏》作「亂」，字同。「乱」，見北魏鄭道昭《鄭羲下碑》。敦煌小楷寫卷「乱、亂」互用。【一六】「惱」，國圖本同此。《大正藏》作「惱」，字同。右上三點作一横，始於敦煌草書。《草字編》與《日本書法大字典》均無此形。【一七】「害」，唐本「宀」下作「吉」，或全字作「宫」，乃「害」之俗字。【一八】「壞」，魏碑、唐楷及唐人寫卷每作「壞」。

依他依時因　是名施設者所　此上總發世親以顯法
於此四中前總四為一義事對以示現施設覺悟為二對顯
教以示現施設恐怖為三對教言以示現施設開示為四
能生子為引施者說示堅為施以光氣及後流說三業為
性如菩薩依薩文殊師利是故說菩日此二行菩薩之事三
種一律儀菩薩為七眾所受二攝善法菩薩所修三聚一切善法
三饒益有情菩薩利有情三業可以攝饒益羅依波羅
從未又此名出家受具足為大乘友依菩薩之律儀菩薩
告謂於王位如菩薩菩薩業生家受具足了戒名律儀菩薩

五六三 復作後時因，是名施善利。此上皆[一]《發菩提心經》說。
五六四 於此四[二]中應起四智：一若有財心不樂施，起覺悟智；二財尠
五六五 闕心不樂施，起忍苦智；三財悅意心不樂施，起知倒智；四
五六六 欣世果而行施者，起不堅智。施以无貪及彼所起三業爲
五六七 性，如《菩薩地》說。經「文殊師利」至「拔[三]法服」。賛曰：此二頌
戒。戒有三
五六八 種：一律儀戒，即七衆所受；二攝善法戒，所脩[四]三乘一切善法；
五六九 三饒益有情戒，即利有情三業万行。《勝鬘經》說[五]：「波羅
五七〇 提木叉毗[六]尼出家受具足爲大乘故說。」《菩薩地》言：「律儀戒
五七一 者，捨輪王位如弃[七]草菓[八]，出家受具足等，皆名律儀戒。」

校注

【一】「皆」下，國圖本、《大正藏》都有「如」。【二】「四」，國圖本、《大正藏》皆作「施」。【三】「拔」，《大正藏》作「被」。國圖本「拔」上有「而」。【四】「脩」，《大正藏》作「修」，字同。【五】「說」，國圖本、《大正藏》皆作「云」。【六】「毗」，《大正藏》作「毘」，字同。【七】「弃」，《大正藏》作「棄」，字同。【八】「菓」，國圖本作「藥」。《大正藏》作「葉」，字同。

又此所說名律之儀之等為求方便以二又破律儀三等
性攝友四波羅蜜此律儀等此所生家方便受等友
及言所律儀等也事未言攝法又攝音數羅蜜友方言
攝教也今二攝善之前今正義言為攝法又攝音波羅友
又用波羅之前生家寬濟由又要至家息遠友及
生家攝等事至和一十方化度急三攝眾財饒益三攝
等者為數友四引法圓滿至生者及等等至性與衣代
及等為法羅名此為四行日　度急羅饒益　等友引法圓
此生等等性　是名等已種　羅蜜又菩薩受福羅蜜八萬

故此所説即律儀戒。律儀戒爲本，方有後二，若破律儀，三戒俱捨，故四波羅夷皆律儀戒。此明初出家方能受具等，故説寂[一]初律儀戒也。有本言「披法服」，披，音敷羈反，《方言》：披，散也。今亦梙[二]著之義。今正[三]應言「而被法服」，被，音彼[四]義反，服用被帶之義。出家寬曠由若[五]虚空，在家迫迮[六]，故説出家持戒有五利：一十方仏護念，二捨命時歡喜，三持戒者爲親友[七]，四功德圓滿，五生[八]常得戒成其性。《智度論》説「戒爲德瓶」，即此弟四。頌曰：「護念終歡喜，戒發[九]功德圓，常生[一〇]戒成性，是名戒五種。」經「或見菩薩」至「樂誦經典」。贊

校注

【一】「寂」，《大正藏》作「最」，字同。【二】「梙」，或作「槵」，音「患」，其核做念珠，俗稱菩提子。唐本「木」旁如「扌」，國圖本亦如此，草書「木、扌」混之。【三】「正」，國圖本作「𠙺」，乃武則天稱制時自造「正」字。不期開元五年寫卷仍用此形。【四】「彼」，國圖本、《大正藏》皆作「皮」。【五】「由若」，國圖本、《大正藏》作「猶如」。【六】「迮」下，《大正藏》有「猶如牢獄」。【七】「友」，唐本、國圖本右上有點，源自魏碑。【八】「生」下，國圖本、《大正藏》皆有「生」。【九】「發」，唐本作「故」，據國圖本、《大正藏》改。【一〇】「常生」，《大正藏》作「生常」。

曰此一行思讀誦經典理性法界諦察法忍柔和論法攝
修二忍謂思討審思安受苦忍經又及菩真理性依忍真
曰此一行為此通被甲攝善二種所無利樂有情精進之
是名所被甲加行無下無退無足之等經何況是勤勇為勇
勇堅猛不捨善軛策勤初發起經利樂有情名被甲於堅
固勇悍等名加行於所證得不自輕蔑無怯懼名無
下於能忍寒熱等苦於有情不生喜足名無退於勝陀
入法諦觀勸求修求法法勝品功德名無喜足三家喜足
能大其捨友法化衆生喜樂和樂他友初一名被甲後四名
攝善此中名為攝精進又是離三業讚揚法王真

五八一 曰：此一頌忍。讀誦經典、思惟法義、諦察法忍，夙難偏說，攝
五八二 餘二忍謂耐惌[一]害忍、安受苦忍。經「又見菩薩」至「思惟仏道」。贊
五八三 曰：此一頌勤。此通被甲攝善二種，略无利樂有情精進。精進
五八四 有五，謂被甲、加行、无下、无退、无足，即經所說有勢[二]、有勤、有
五八五 勇、堅猛、不捨善軛。㝡初發起猛利樂欲名被甲，次起堅
五八六 固勇捍[三]方便名加行，次爲證得不自輕蔑亦无怯懼名无
五八七 下，次能忍[四]寒熱等苦於劣等善不生喜足名无退，次能證
五八八 入諸諦現觀等欣求後後勝品功德名无足。二乘宄[五]竟道
五八九 欣大菩提故，諸仏宄竟道樂利樂他故，初一名被甲，後四名
五九〇 攝善，此中合名勇猛精進。經「又見離欲」至「讚諸法王」。贊

校注

【一】「耐惌」，唐本作「惌耐」，中有倒乙符。《大正藏》作「耐怨」，字同。【二】「勢」，國圖本作「埶」。【三】「捍」，國圖本、《大正藏》均作「悍」。「捍」，古又同「悍」。【四】「忍」下，國圖本、《大正藏》皆有「受」。【五】「宄」，國圖本作「宂」。皆當是異體字，而敦煌行草寫卷每每如此，當時禪林認可也。

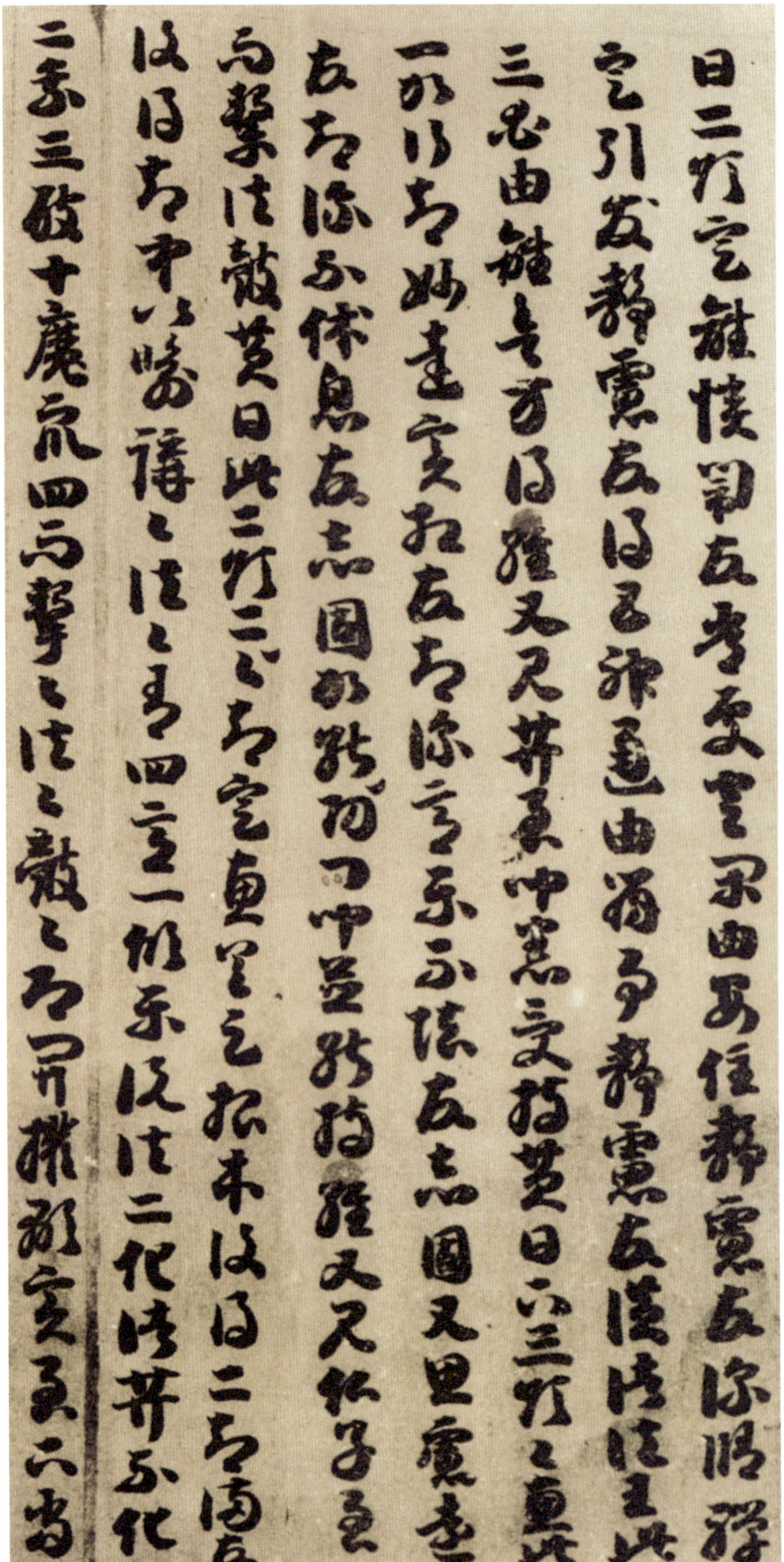

五九一

曰：二[一]頌定。離憒鬧故常處空閑。由[二]安住静慮[三]故深脩禪，

五九二 定引發静慮故得五神通。由辦事静慮故讚諸法王，此

五九三 三必[四]由離欲方得。經「復[五]見菩薩」至「聞悉受持」。贊曰：下三頌頌

惠。此

五九四 一加行智，妙達實相故智深，意[六]樂不壞故志固。又思慮遠

五九五 故智深，不休[七]息故志固。加功能[八]問，聞並能持。經「又見仏子」至

五九六 「而繫[九]法皷[一〇]」。贊曰：此二頌頌二[一一]智。定恵具足，根本後得二智滿故。

五九七 後[一二]得智中以喻講[一三]法，講法有四意：一欣樂説法[一四]，二化諸菩薩不化

五九八 二乘，三破十魔衆，四而擊法皷。擊法皷即[一五]開權[一六]顯實，至下當

校注

【一】「二」上，國圖本、《大正藏》均有「此」。【二】「由」下，國圖本有「此」。【三】「慮」，唐本「虍」部作「雨」，此種寫法見於漢隸。【四】「必」，國圖本作「衣」。【五】「復」，唐本作「又」，據經本、國圖本、《大正藏》改。【六】「意」，《大正藏》作「音」。【七】「休」，唐本右上有一點，此形見於魏碑。【八】「功能」，唐本作「能功」，中有倒乙符。【九】「繫」，唐本作「繫」，乃「繫」之俗字。國圖本、《大正藏》皆作「擊」。【一〇】「皷」，見於魏碑王僧、元懌、元遥諸誌。國圖本作「鼔」，《大正藏》作「鼓」，字同。【一一】「頌二」，唐本作「二頌」，中有倒乙符。【一二】「後」，國圖本作「信」。【一三】「講」，唐本右上作「云」，見黄征《敦煌俗字典》。國圖本作「護」。【一四】「法」下，國圖本有「利」。【一五】「即」，國圖本、《大正藏》皆作「者」。【一六】「權」，唐本右旁「木」作「扌」。

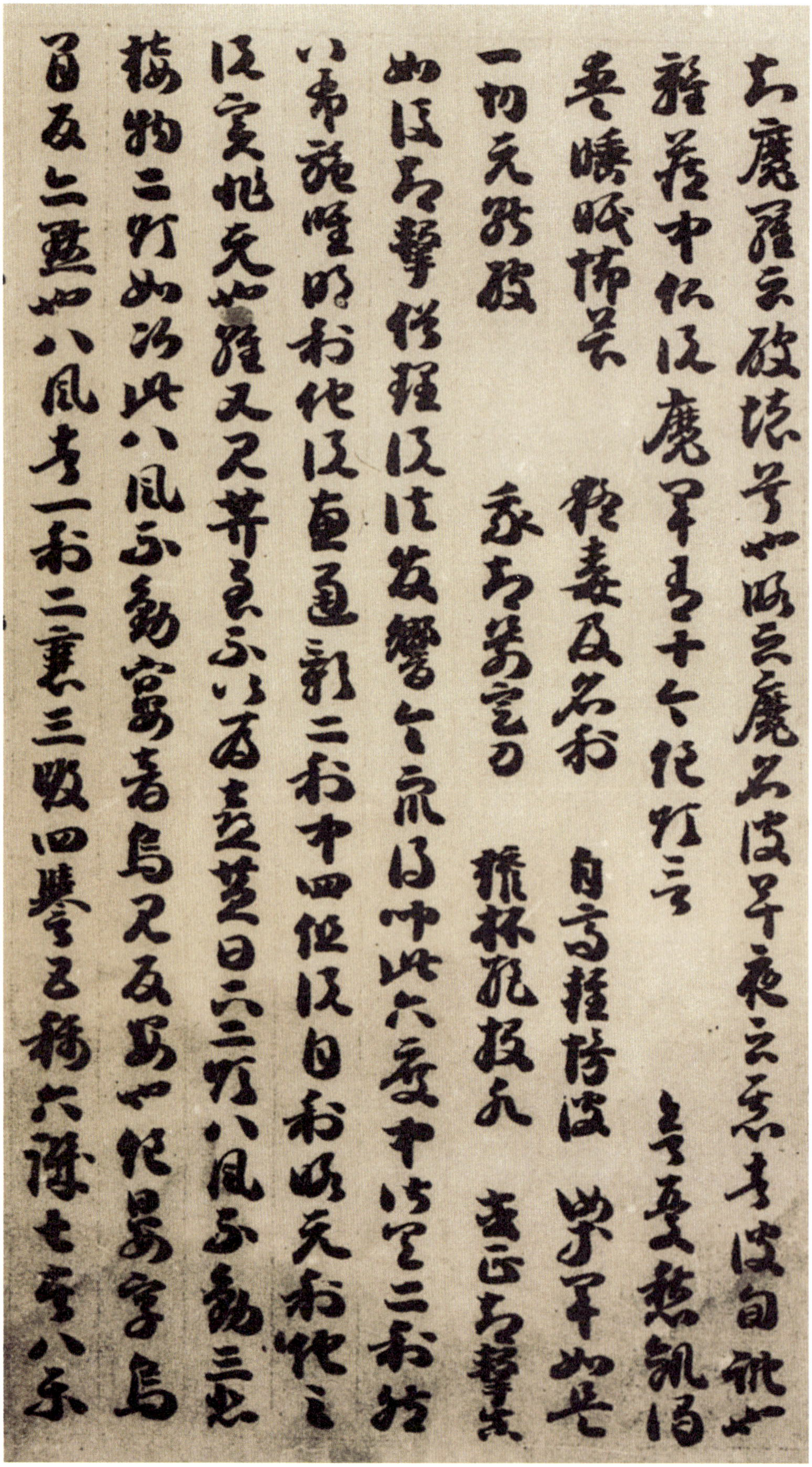

五九九

知。魔羅云破壞号[一]也，略云魔。名波卑夜，云惡者，波旬訛也。

六〇〇《雜藏》中仏説魔軍有十，今作[二]頌言：「欲、憂愁、飢渴，
六〇一愛、睡眠、怖畏，疑、毒及名利，自高輕慠[三]彼，汝等軍如是。
六〇二一切无能破，我智箭定刀，摧杯[四]瓶投水。」或正智擊真
六〇三如，後智擊俗理，説法發響令衆得聞，此六度中皆具二利。然
六〇四以布施唯明利他，説[五]恵通彰二利，中四但説自利略无利他之
六〇五説，實非无也[六]。經「又見菩薩」至「不以爲喜」。賛曰：下二頌八風不動，
三悲
六〇六接物。二頌如次，此八風不動。宴[七]，音烏[八]見反[九]，安也[一〇]。作[一一]晏字，烏
六〇七間[一二]反，亦默也。八風者：一利，二衰，三毀，四譽，五稱，六譏，七苦，八
樂。

校注

【一】「号」，《大正藏》作「號」，字同。【二】「作」，國圖本、《大正藏》皆作「為」。【三】「慠」，國圖本同，《大正藏》作「慢」，字同。【四】「杯」，國圖本同，《大正藏》作「壞」。【五】「説」，國圖本、《大正藏》皆作「後」。【六】「也」，國圖本無。【七】「宴」，《大正藏》作「宴」，字同。【八】「烏」，國圖本、《大正藏》均作「焉」。此行末之「烏」，亦如此。【九】「反」，國圖本作「及」。【一〇】「安也」下，國圖本、《大正藏》有「息也」。【一一】「作」上，國圖本、《大正藏》皆有「有」。【一二】「間」，國圖本、《大正藏》皆作「澗」。

今此但說初四生喜因故利名利面讚為譽背讚名稱遍
攝名稱於此四中並不以為喜樂義之言所今遍故歎此
四種憙讚歎之不生愛等以安語言寂無離八風故
此如說明前二段後雜又云菩薩今入佛道基曰此三德攝物
德同攝七事情發德發事情起以事為種生上無能倫
衆一切信重來生故云發光信地獄來作二德則往路充路
隆此二萬六鬼界雜又云佛子是勤求佛道基曰六十三行半
於地前凡夫信解則道六度之難勝可為六也一行勸一行第二
行半忍二行宣五行能三行直此勸也歎是其量發者勝既
初衆後衆覺情說明遂教之云初衆後衆之句夷之底中

六〇八 今此但私於四生喜，得財、位、名、利。面讚爲譽，背讚[一]名稱，適
六〇九 悦名樂。於此四中菩薩不以爲喜，恭敬之言義貫通故。翻此
六一〇 四種衰、毁、譏、苦亦不生憂，身心寂然語言宴默[二]離八風故，
六一一 此如《瑜伽》第二袟説[三]。經「又見菩薩」至「令入仏道」。賛曰：此三悲接
物。
六一二 悲謂拔苦，有情緣[四]悲緣有情起，行有多種生亦无窮，偏
六一三 私一行濟重苦生，故言放光濟地獄苦，餘二悲行，法緣、无緣，
六一四 准此亦成，下當具顯。經「又見仏子」至「勤求仏道」。賛曰：下十三頌半
六一五 頌地前凡[五]夫信解行道，六度亂[六]脩即爲六也。一頌勤，一頌戒，一
六一六 頌半忍，二頌定，五頌施，三頌恵。此勤也。飲食知量，咸省[七]睡眠，
六一七 初夜後夜覺悟瑜伽，《遺教》亦言：「初夜後夜亦勿有廢，中

校注

【一】「讃」，唐本作「談」，據國圖本、《大正藏》改。【二】「默」，國圖本作「嘿」，字同。【三】「説」，國圖本、《大正藏》皆作「解」。【四】「緣」，唐本「彖」上部「彑」作「彐」，部首同，「緣、縁」字同。【五】「凡」，「凡」之俗字。見《龍龕手鑑》【六】「亂」，唐本亦似「辭」。【七】「省」，《大正藏》作「劣」。

夜補羅此曰清息又以睡眠因緣之一生覺悟之又以曰無害
試世間覺為之七不覺為友言來審羅刹中西域地濕疊
時為菩於中佳來鎮名補羅如羅布猶之來去友言羅
以此乃衆義翻為四正斷於已生惡不善法為律斷於
未生惡不善法為斷之於已生善法為何斷於未生善法
為之習斷以求佛菩提故云 佛子菩薩禪經 家法如實者
未來悉生處 未來雜殺故 無上求佛哉 無量法道意
夜為一切時 勇猛大精進 譬如微小雲 擢湿石穿哉
於佛教法中 懈怠者亦尔 譬如人鑽火 未生火便息
定勢隨正哉 懈怠者亦尔 譬如淨空珠 難得而求空

夜誦經以自消息，无以睡眠因緣，令一生空過无所得也。」甞試也，謂蹔[一]爲之；今不蹔爲故言未甞。經行林中，西域地濕，疊[二]塼爲道，於中往來[三]銷[四]食誦經，如經布絹[五]之來去[六]，故言經行。此乃筞[七]勤[八]勵脩四正斷：於已生惡不善法脩律儀斷，於未生惡不善法脩斷斷，於已生善法脩防護斷，於未生善法脩脩習斷，以求仏道。故《花嚴》云：「仏子善諦聽，我説如實義，或有速出要，或有難解脱，若欲求除烕，无量諸過惡，應當一切時，勇猛大精進，譬如微小火[九]，樵[一〇]濕即能烕，於仏教法[一一]中，懈怠者亦尔。譬如人穳[一二]火，未出數休息，火勢[一三]隨止烕，懈怠者亦尔。譬如浄火珠，離緣而求火，

校注

【一】「蹔」，國圖本、《大正藏》皆作「暫」，字同。【二】「疊」，國圖本作「壘」。【三】「來」，自漢代隸書，即有作「来」者，字同。【四】「銷」，《大正藏》作「消」。【五】「絹」，國圖本同，《大正藏》作「綃」。【六】「去」，國圖本作「者」。【七】「筞」，《大正藏》作「策」，字同。【八】「勤」，國圖本、《大正藏》皆無。【九】「火」，唐本似「大」，依文義釋「火」。【一〇】「樵」，唐本「木」旁作「扌」。國圖本作「燋」，《大正藏》作「焳」。【一一】「教法」，《大正藏》作「法教」。【一二】「穳」，《大正藏》作「鑽」。【一三】「勢」，國圖本作「熱」。

等宗亦可爾　故無著云二乘　譬如明淨日　下自求盡之
於彼教法中　故無著云二乘　由前發心精進為宗修為
是法是為精進法故此經以精進為首十信心中信後精進故
雖又久習善業以求佛道菩提曰此一行當三業義依當無數劫
句擇小罪以為無缺又淨除微細盡大無際又歸善及熟
悅友淨如寶珠言一圓滿無瑕二對法圓備三義光焰燦四
永行無樂由此鵝珠彼請菩薩攝身應使友是三於託
生伊字三德雅隱行無律儀為本友也雖又久松子五以
求佛菩提曰此一行當對惡害恩多得得多得名將上緣

畢竟不可得，懈怠者亦尔。譬如明浄日，閈[一]目求見色，於仏教法中，懈怠者亦尔。」由初發心精進爲寂，信爲欲依，欲爲精進依故。此但以精進爲首，十信心中信復[二]精進故[三]。經「又見具戒」至「以求仏道」。賛曰：此一頌戒。三業威儀常无鈌[四]咸[五]，勿輕小罪以爲无殃，水渧[六]雖微漸盈大器，深見怖畏及慙[七]愧故。「浄如寳[八]珠」者，一内外无瑕，二戒德圓備，三威光烑[九]燿[一〇]，四衆所愛樂。由此鵝珠被縛草繫[一一]，捨身鴈[一二]墮知事之前，龍生伊蘭之樹，瓶隨所欲，律儀爲本故也。經「又見仏子」至「以求仏道」。賛曰：此一頌半耐惡害忍。少得謂多得，名增上慢。

校注

【一】「閈」，《大正藏》作「閉」，字同。【二】「復」，國圖本、《大正藏》皆作「後」。【三】「故」，國圖本作「中」。【四】「鈌」，乃「缺」之異體字。【五】「咸」，國圖本作「减」，《大正藏》作「減」。【六】「渧」，音義同「滴」。【七】「慙」，《大正藏》作「慚」，字同。【八】「寳」，《大正藏》作「寶」，字同。【九】「烑」，《漢語大字典》未收。國圖本作「熀」，《大正藏》作「晃」。【一〇】「燿」，《大正藏》作「曜」，字同。【一一】「繫」，國圖本作「擊」。【一二】「鴈」，國圖本作「應」；《大正藏》作「雁」，字同。

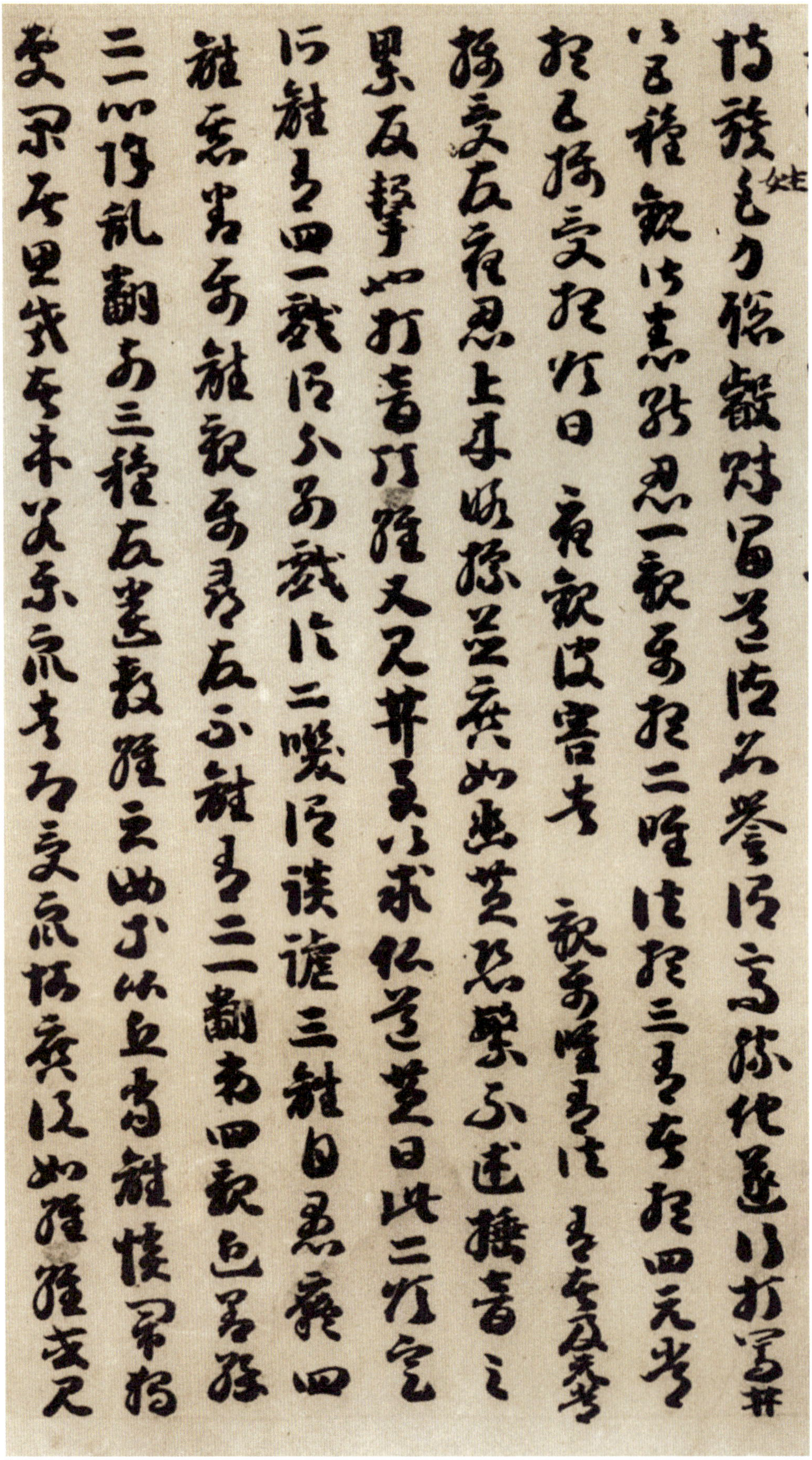

六三七
恃族姓[一]、色力、聰[二]叡、財富[三]、道德、名譽，謂[四]高勝他遂行打罵[五]。菩

薩
六三八 以五種觀皆悉能忍：一親屬[六]想，二唯法想，三有苦想[七]，四无常
六三九 想，五攝受想。頌曰：「應觀彼害者，親屬唯有法，有苦及无常，
六四〇 攝受故應忍。」上來略標，並廣如《幽賛》，恐繁不述。捶[八]，音之
六四一 累反，擊也。打，音頂。經「又見菩薩」至「以求仏道」。賛曰：此二頌定
六四二 所離，有四：一戲[九]謂分別戲論，二咲[一〇]謂談謔[一一]，三離自愚癡，四
六四三 離惡眷屬，離親屬尋故。不離有二：一翻[一二]弟四親近善緣，
六四四 二一心除乱翻前三種。故《遺教經》云：「汝等比丘，當離憒閙獨
六四五 處閑居，思烕苦本。若樂衆者即受衆惱[一三]」，廣說如經。經「或見

校注

【一】「姓」，唐本小楷補。【二】「聡」，俗字，《大正藏》作「聰」，字同。【三】「冨」，《大正藏》作「富」，字同。【四】「謂」，《大正藏》作「得」。【五】「打罵」，國圖本作「捶打」。【六】「屬」，國圖本作「属」，字同。又有「屬」，均見於漢隸和魏碑。【七】「想」，國圖本作「相」。【八】「捶」，唐本「垂」最下橫作「凵」，形見於漢隸。【九】「戲」，《大正藏》作「戲」，字同。「戲」下，國圖本有「論」。【一〇】「咲」，國圖本、《大正藏》皆作「咲」，字同，均是「笑」。【一一】「謔」，唐本「虐」下部作「匚」。《熹平石經》、魏碑、唐楷皆有此形。【一二】「翻」，唐本「番」作「畨」，古寫法。【一三】「惱」，國圖本作「苦」。

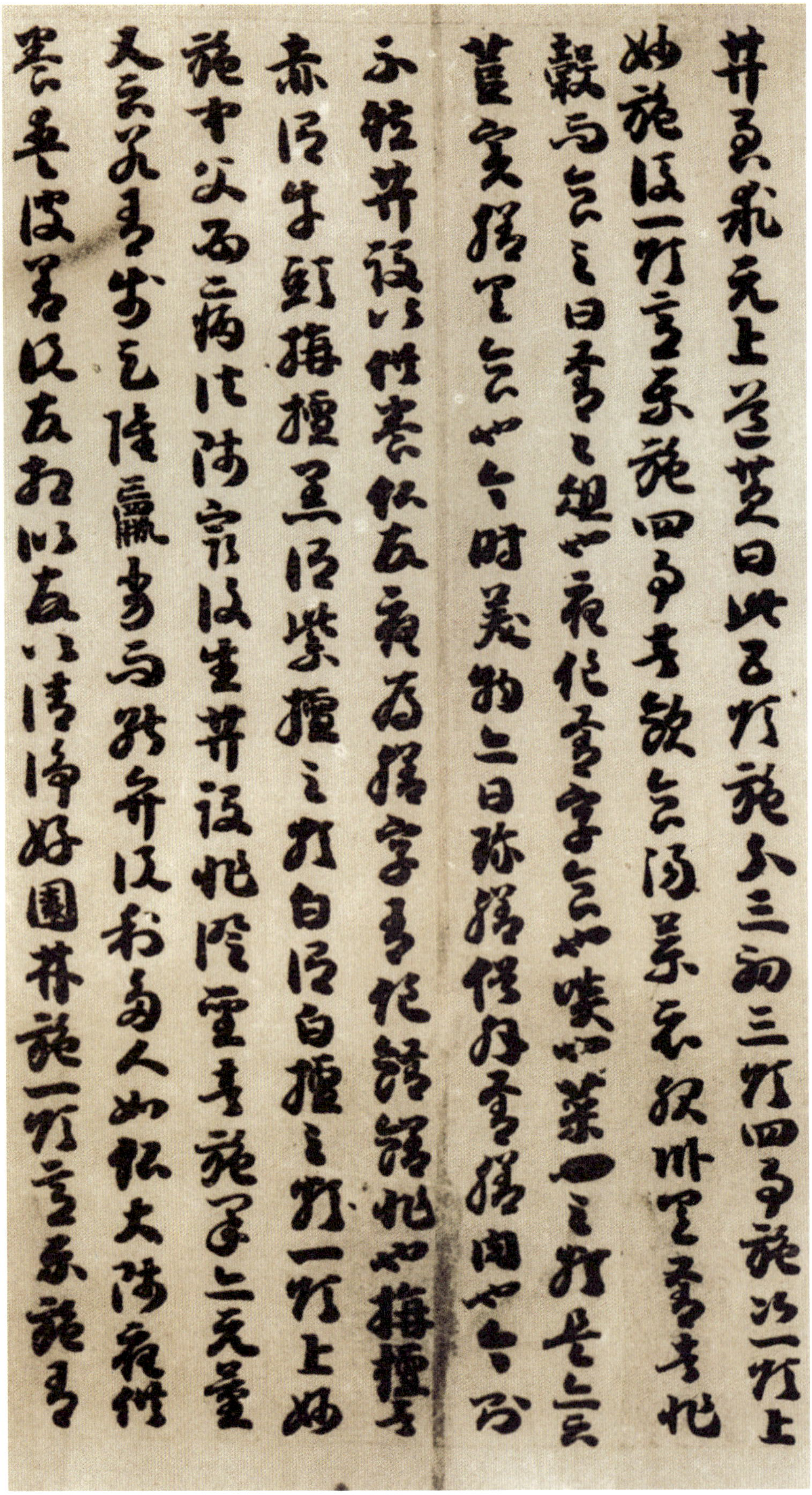

菩薩」至「求无上道」。贊曰：此五頌施。分三：初三頌四事施，次一頌上

六四七 妙施，後一[一]頌意樂施。「四事」者，飲食、湯藥、衣服、卧具。肴[二]者，非
六四八 穀而食之曰肴。肴俎[三]也。應作肴字。食也啖也。菜[四]之類是。亦云
六四九 荳[五]實。膳[六]，具食也。今時美[七]物亦曰珎[八]膳，俗解肴膳肉也。今則
六五〇 不然，菩薩設以供養仏故應爲膳字，有作餚饍，非也。旃檀者，
六五一 赤謂牛頭旃[九]檀，黑謂紫檀之類，白謂白檀之類[一〇]。一頌[一一]上妙
六五二 施中[一二]，父、母，病法師，寂後身[一三]菩薩；設非證聖者，施果亦无量。
六五三 又云若有戒足雖羸劣，而能弁[一四]說利多人，如仏大師應供
六五四 養，愛彼善説故相似故，以清净好園林施。一頌[一五]意樂施[一六]，有

校注

【一】「一」，國圖本無。【二】「肴」，國圖本作「餚」。【三】「俎」，國圖本作「俎」。《大正藏》作「葅」。《漢語大字典》未收此字。

【四】「菜」下，唐本塗去一字。【五】「荳」，「豆」的俗字。【六】「膳」，國圖本作「饍」，字同。【七】「美」，《字鑑・旨韻》：「美，俗下從火作美。」【八】「珎」，《大正藏》作「珍」，字同。【九】「旃」，國圖本作「旃」，《大正藏》作「栴」。【一〇】「類」，國圖本作「屬」。

【一一】「一頌」，《大正藏》無。【一二】「中」，國圖本無。【一三】「身」，唐本作「生」，據《大乘悲分陀利經》卷五、《方廣大莊嚴經》卷一、《大正藏》改。【一四】「弁」，國圖本、《大正藏》皆作「辦」，字同。【一五】「一頌」，國圖本、《大正藏》皆無。【一六】「施」下，國圖本、《大正藏》有「中」。

六者示一乘大二无數三劫盡四恩德五无漏六萬好此中
身三一劫盡二无數三萬好乃求无上菩提而施四事乃乘大
施苦逼而恩若恩德施三時无悔不爲染若无漏施以
飲食施之法食故不懷飢饉苦故以醫藥施當得法藥
无漏病故以衣服施得七寶衣柔和忍辱慈悲故以卧
具施當具證入空安寢臺觀寶故以園林施當住覺
覺趣持園故及清无漏法林藂故以宅施得七覺宅故以
草施得四重寶故以沼池施當得无諸八解之池故證七寶
井泉乘无上菩提曰此三行直初一修得方法施充是故照
業證之又經佛出示 珍寶滿至中 以施諸如來

六意樂：一廣大，二无厭，三歡喜，四恩德，五无染，六善好。此中有三：一歡喜，二无厭，三善好。即求无上道前施四事即廣大施，荷彼前恩名恩德施，三時无悔不爲染雜名无染施。以飲食施足法食故，不墮[一]飢饉刧故；以醫[二]藥施當得法藥无諸病故；以衣服施得七寶衣，柔和善順具慚愧故；以卧具施當具資緣入空寂舍[三]慈悲室故；以園林施當住覺苑[四]揔持園故，及諸[五]无漏法林樹故；以花施得七覺花故；以菓[六]施得四聖果故；以沼[七]池施當得无[八]垢八解之[九]池故。經「或有菩薩」至「求无上道」。賛曰：此三頌恵。初一後得智，法施无盡故。《迦葉經》云：「若[一〇]恒沙世界，珎寶滿其中，以施諸如來，

校注

【一】「墮」，見於《隸辨》，國圖本同，《大正藏》作「墮」，字同。【二】「醫」，唐本、國圖本之「巫」皆作「巫」，乃俗字。【三】「舍」，唐本作「舍」，乃「舍」之俗字。《大正藏》作「舍」。【四】「苑」，國圖本、《大正藏》皆作「苑」，字同。【五】「諸」，國圖本、《大正藏》皆作「得」。【六】「菓」，《大正藏》作「果」，字同。【七】「沼」，國圖本作「俗」，《大正藏》作「浴」。【八】「无」，《大正藏》作「捨」。【九】「之」，國圖本、《大正藏》皆無。【一〇】「若」，國圖本作「右」。

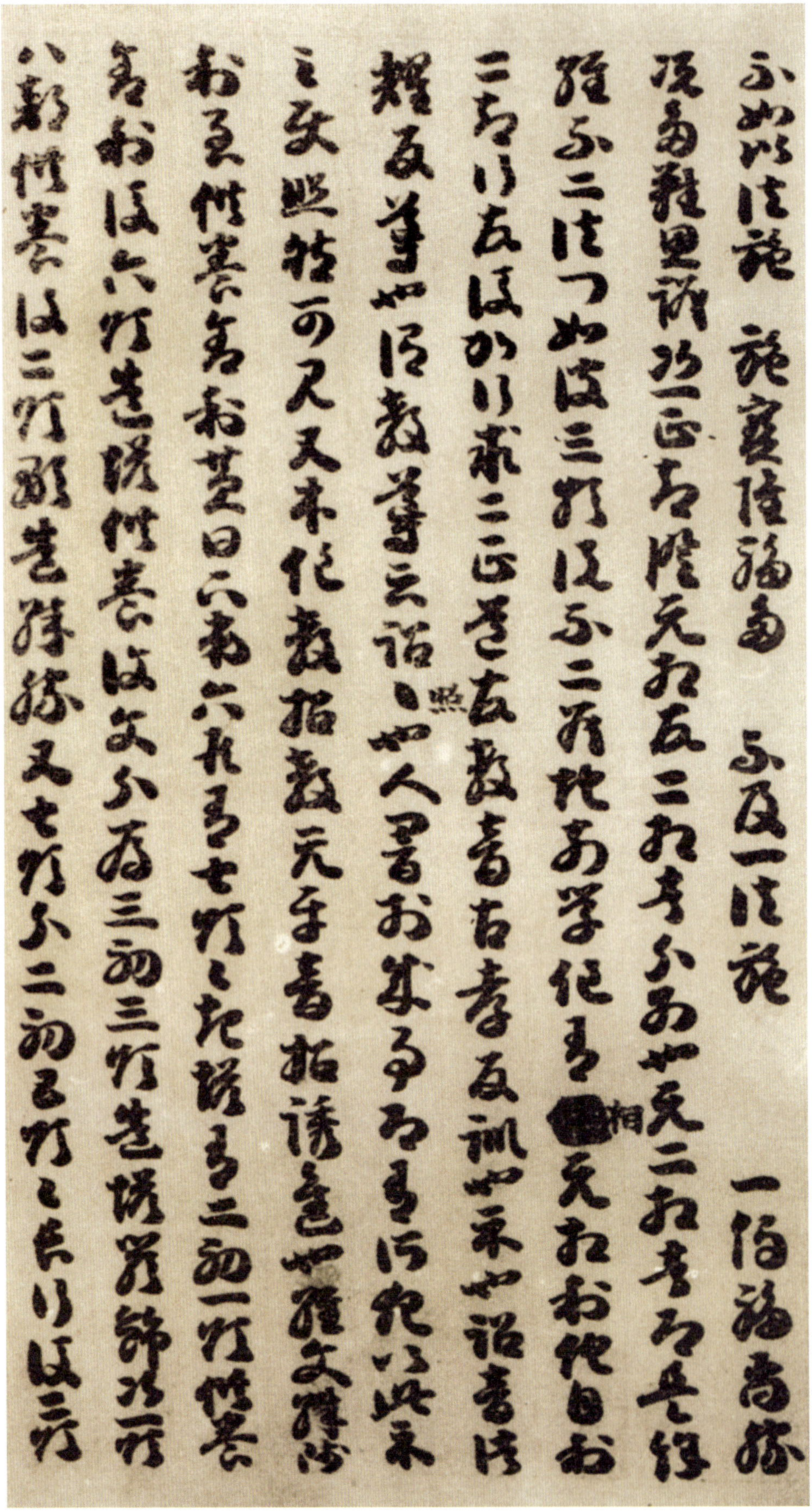

六六五 不如以法施，施寶雖福多，不及一法施，一偈福尚[一]勝，

六六六 況多難思議。」次「一正智，證无相故。」「二相」者，分別也。无二相者，即是

餘

六六七 經不二法門，如彼三類說不二義，地前學[二]作有相[三]无相、利他自利，

六六八 二智行故，後[四]加行求二[五]正道故。教，音古孝反，訓也示也。詔，音諸

六六九 耀反[六]，導也，謂[七]教導云[八]。詔，照[九]也。人[一〇]闇[一一]於成[一二]事即有所犯，以

此示

六七〇 之使照然可見。又[一三]本作教招，教无平音，招，誘進也。經「文殊師

六七一 利」至「供養舍利」。贊曰：下弟六段有七頌頌起塔。有二：初一頌供養

六七二 舍利，後六頌造塔供養。後[一四]文分爲[一五]三：初三頌造塔嚴飾，次一頌

六七三 八部供養，後二頌顯造[一六]殊勝[一七]。又七頌分二：初五頌頌長行，後二頌

校注

【一】「尚」，國圖本作「當」。【二】「學」，國圖本作「斈」，字同。【三】「相」，唐本塗去一字，旁補書。【四】「後」下，國圖本、《大正藏》皆有「一」。【五】「二」，國圖本、《大正藏》皆無。【六】「反」，國圖本作「及」。【七】「謂」，國圖本作「詔」。【八】「云」，國圖本、《大正藏》皆作「之」。【九】「照」，唐本原作重文符，旁楷書寫「照」。【一〇】「人」，《大正藏》無。【一一】「闇」，國圖本似「閣」。【一二】「成」，國圖本作「来」。【一三】「又」下，《大正藏》有「有」。【一四】「後」，唐本作「復」，據國圖本、《大正藏》改。【一五】「爲」，《大正藏》無。【一六】「造」下，《大正藏》有「塔」。【一七】「勝」，國圖本無。

六七四

結造塔勝。初中復二：初四頌菩薩供養，後一頌八部供養。菩薩供〔養〕[二]復

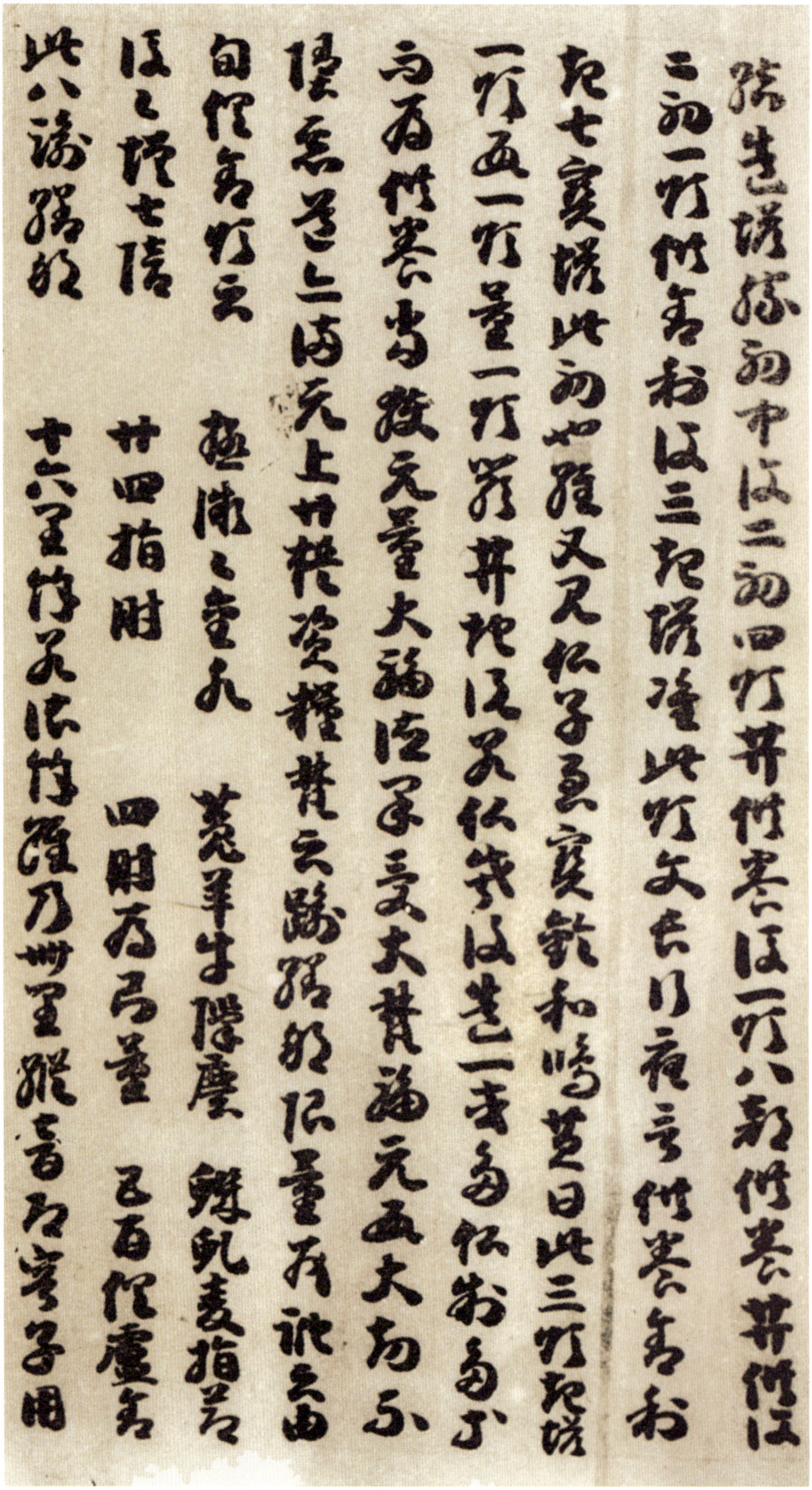

六七五 二：初一頌供〔養〕[二]舍利，後三起塔。准此頌文，長行應言供養舍利

六七六 起七寶塔。此初也。經「又見仏子」至「寶鈴和鳴」。賛曰：此三頌起塔，

六七七 一頌數，一頌量，一頌嚴。《菩薩地》説：「若仏滅後造一或多仏制多等

六七八 而爲供養，當獲无量大福德果，受大梵福，无數大刧不

六七九 墮惡道[三]，亦滿[四]无上菩提資糧[五]。」梵云踰繕那，限量義，訛云由

六八〇 旬。《俱舍》頌云：「極微、微、金、水，菟[六]、羊、牛、隟[七]塵，蟣、
虬[八]、麦[九]、指節，

六八一 後後增七倍[一〇]，廿[一一]四指肘，四肘爲弓量，五百俱盧舍，

六八二 此八踰繕那。」十六里餘，若依餘經乃卌[一二]里。縱，音即容，子用

校注

【一】「養」，唐本無，據國圖本、《大正藏》補。【二】「養」，唐本無，據國圖本、《大正藏》補。【三】「道」，國圖本作「起」，《大正藏》作「趣」。【四】「滿」，《大正藏》作「獲」。【五】「糧」，國圖本作「粮」，字同。【六】「菟」，國圖本、《大正藏》皆作「兔」。【七】「隟」，《大正藏》作「隙」，字同。【八】「虬」，國圖本、《大正藏》皆作「虱」。【九】「麦」，此形始於漢隸，《大正藏》作「麥」，字同。【一〇】「倍」，唐本似「陪」，國圖本、《大正藏》皆作「倍」，從之。【一一】「廿」，國圖本、《大正藏》皆作「二十」。【一二】「卌」，《大正藏》作「四十」。

二反豎也廣也撲百丙從字切數喉羅睺羅三字本作
攝示玄行生得肩北日羅東西日撲露行不處陽行處也
羅行恆羅玄露玄處六寶攝品有冥釋之此明叔玄寶攝
之量上估行尺不尔此山語其為攝其云陽幕也在伤日惟
在上日幕之處也露行處露曰清羅文释變露𦉪事化
緊字緊身元文非此陽羅寶飲和鳴歌調和也羅清下記
非天者小性寒其日此明八部性寒羅文释法和天至毛開
數其曰此二寶殊告攝樂圖生攝反國不珠精攝迫高羅
赤寶珠飾如下章釋圓生樹王花開之時鵝羅孔以迫來

二反，竪也。「廣」，横也[一]。古爲從字，《切韻》唯有縱、蹤、豵三字。有本作從[二]，不知所出[三]。俗解南北[四]曰縱[五]，東西曰横。露，謂不覆，幔謂覆也。顯所疰[六]嚴或露或覆，下《寶塔品》當具釋之。此明報土寶塔之量，上位所見；不尔，此洲距[七]安多塔？有云，幔幕也。在傍曰帷，在上曰幕，幕覆也。露謂覆露，同諸經文，珠交露盖。有作縵[八]字，繒帛无文，非此[九]幔體。「寶鈴和鳴」，聲調和[一〇]也。經「諸天龍神」至「常以供養」。賛曰：此明八部供養。經「文殊師利」至「其花開敷」。賛曰：此二頌結造塔勝，因造塔故國界殊特，塔逈高嚴，衆寶綵飾，如天帝釋園[一一]生樹王花開之時，端嚴絶比，逈光

校注

【一】「横也」，唐本作「也横」，中有倒乙符。【二】「從」，黄征《敦煌俗字典》收在「縱」下。國圖本同，《大正藏》作「從」。【三】「不知所出」，國圖本作「不知從字所出」。【四】「北」，國圖本作「比」。【五】「縱」，國圖本作「從」。【六】「疰」，《廣韻·陽韻》：「疰」乃「莊」之俗字。【七】「距」，《大正藏》作「詎」。【八】「縵」，《大正藏》作「縵」，字同。【九】「此」，國圖本作「非」，《大正藏》作「是」。【一〇】「調和」，《大正藏》作「和調」。【一一】「園」，國圖本、《大正藏》皆作「圓」。

法故以爲警覺菩薩放一光至照東方萬國贊曰六頌三長分行請分二初四行頌與問後四行頌事請菩薩初中復二初三行頌遠事未事頌後二行頌又二事問此初也初行頌又遠事頌後行頌又遠事菩薩衆求又此至放光明贊曰此二行頌（見）二事問初行頌自他之事又後行頌此彼之放瞻種言是所放光何故此放瞻者能衆問故彼放瞻者市比菩薩故佛子時答爲演斯光明贊曰六頌事請菩薩分四初一行頌時請菩薩答一行頌事請菩薩答一行舉事顯大法一行正請彼菩薩此初如四衆仰瞻義中諸菩薩決定疑令喜是時見法者必豈饒益佛坐道場至此非小緣贊曰初行頌二事請菩薩一說法二授記法

諸樹，故以爲喻。經「仏放一光」至「照无量國」。賛曰：下弟三段[一]，有八頌[二]請[三]，分二：初四頌膝奇興問，後四頌推事請答。初中復二：初二頌膝近遠兩土[四]奇，後二頌⿵几禾見二事問。此初也。初頌膝見近奇，後頌膝見遠奇。經「我等見此」至「放斯光明」。賛曰：此二頌⿵几禾見[五]二事問。初頌膝自他之兩見，後頌⿵几禾此彼之被瞻。疑意若斯，放光何故？此被[六]瞻者欣我問故，彼被瞻者希汝[七]答故。經「仏子時答」至「演斯光明」。賛曰：下推事請答，分四：初一頌推時請答，次一頌推事請答，次一[八]頌⿵几禾事極大，後一頌正請彼答。此初也。四衆欣渴冀聞勝道，願决令喜，今正是時，凡說法者必逗機故。經「仏坐道塲[九]」至「此非小緣」。賛曰：初頌推二事請答：一妙法，二授記。後

校注

【一】「下弟三段」，《大正藏》作「下大文第二段」。「三」，國圖本作「二」。【二】「頌」下，《大正藏》有「頌」。【三】「請」下，國圖本有「荅」。【四】「土」，《大正藏》作「立」。【五】「見」，唐本小楷補。【六】「被」，國圖本作「彼」。【七】「汝」，《大正藏》作「仁」。【八】「一」下，國圖本有「後」。【九】「塲」，《大正藏》作「場」，字同。

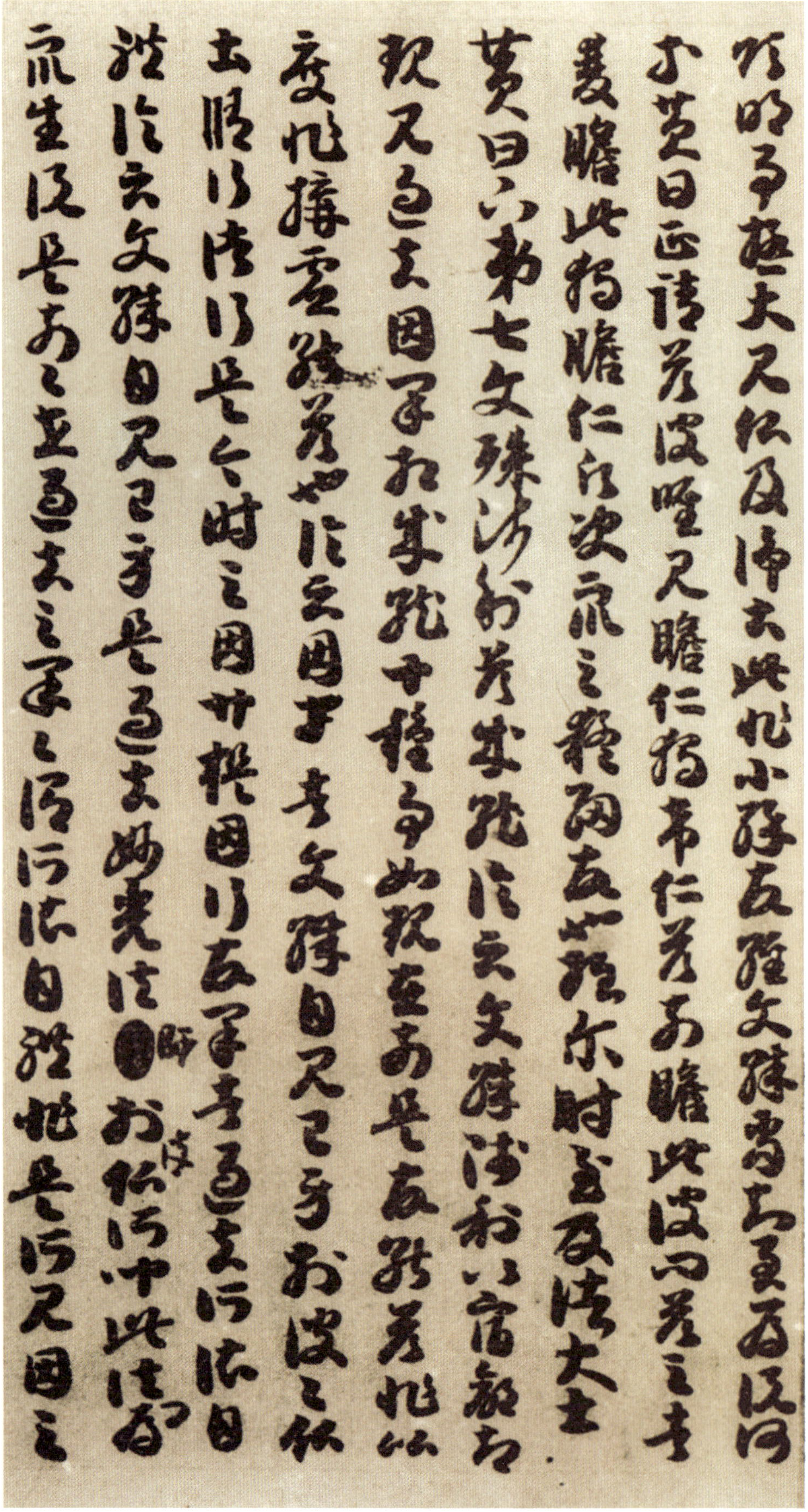

七〇二

頌明事極大，見仏及淨土，此非小緣故。經「文殊當知」至「爲說何

七〇三 等」。贊曰：正請彼答[一]。唯見瞻仁，獨希[二]仁答。前瞻此彼問答之者
七〇四 雙瞻，此獨瞻仁願决衆之疑網[三]故也。經「尔時」至[四]「及諸大士[五]」。
七〇五 贊曰：下弟七文殊師利答成就。論云：「文殊師利以宿命智，
七〇六 現見過去因果相成就十種事，如現在前，是故能答，非比
七〇七 度非構[六]虗[七]能答也。」論云：「因相[八]者，文殊自見己[九]身於彼彼仏
七〇八 土脩行諸行，是今時之因菩提因行故。果〔相〕[一〇]者，過去所依自
七〇九 體。」論云：「文殊自見己身是過去妙光法師[一一]，於彼[一二]仏所聞此法門[一三]爲
七一〇 衆生説，是前前世過去之果，果謂所依自體，非是所見因之

校注

【一】「彼答」，唐本作「答彼」，據《法華經玄贊要集》卷十三、國圖本、《大正藏》乙正。「答」，國圖本、《大正藏》皆作「荅」。【二】「希」，《大正藏》作「悕」。【三】「網」，此「網」之古寫，今「网」爲「網」之簡化字，頗爲混淆，甚是欠妥。《大正藏》作「網」，國圖本作「网」。【四】「至」上，《大正藏》有「文殊」。【五】「士」下，國圖本有「善男子等」。【六】「構」，魏碑「構」右上作「世」，唐避李世民之諱，「世」改爲「云」。【七】「虗」下，國圖本有「畫」。【八】「相」，唐本右部「目」缺。國圖本、《大正藏》皆作「相」。【九】「己」，《大正藏》作「已」。草書每不分。【一〇】「相」，唐本無，據《法華經玄贊要集》卷十三、國圖本補。【一一】「師」，唐本塗去一字，旁補書。【一二】「彼」，唐本小字補。【一三】「門」，國圖本作「聞」。

果也彼因者今時佛果之因彼果者乃是過去無量世因
之果大分為三初標出興生次正若行徵後為二行偈示
勸言諸佛今復此品初菩薩如來權付屬演大法所護曰正
若行彼也說法花此是之中要究十身一根又大義因而
此文有第二法華易子乘喻表六根又互眉文字言句
古說言因第三法華易子如喻表無量無邊喻六根又普
因第四說經佛二名日月燈明六根又勝妙因第五至宗
說佛未生家六根又受用大因第六佛於受說妙表菩薩
妙法蓮花六根又勝示法佛精法於因第七日月燈明佛八
子此諸妙表六根又菩賢之至如來法於因第八見法王子行
表六無量六根又勝意入因第九至宗說其佛者名日月燈

果也[一]。彼因者今時仏果之因，彼果者乃是過去无量生因之果。」大分爲三：初標名揔[二]告，次正答所徵，後有二頌語衆勸知陳仏今說。此即初也。經[三]「如我惟忖」至「演大法義」。賛曰：正答所徵也。然依論本，此答之中成就十事。一[四]現見大義因，即此文義[五]。第二「諸善男子我於過去」下，現見世間文字章句甚深意因。第三「諸善男子如過去无量无邊」下，現見希有因。第四「次復有仏亦名日月燈明」下，現見勝妙因。第五「其㝡後仏未出家」下，現見受用大因。第六「仏烕度後妙光菩薩持妙法蓮花」下，現見攝取諸仏轉法輪因。第七「日月燈明仏八子皆師妙光」下，現見善堅實如來法輪因。第八「是諸王子供養无量」下，現見能進入因。第九「其㝡後成仏者名曰然[六]燈」

校注

【一】「也」，國圖本無。【二】「揔」，國圖本作「惣」，《大正藏》作「總」。字同。【三】「經」下，《大正藏》有「善男子等」。【四】「一」上，《大正藏》有「第」。【五】「義」，國圖本、《大正藏》皆作「是」。【六】「然」，《大正藏》作「燃」。

六根不信無因有十除勝當知爾時好光普六根不自身行
至事因之無行以文除根量知不至事陰至行由以差除勝
反復爲因或此十事多存佳代爲令時因反名爲因此十因
中種有五名一義發名二帝隨名三精嗣名四堅進名
五純自名破隨十九如所有去此中種不爲四一示九望量
差二乘古集今差三指除不事差四古今可知差初二從
一如文可知自修中有七因種爲指除不事[redacted]至文當知
今此可示九望量差隨者理也集也謀也封也受也從名根
又大義因其說義者義理其於八種大義理之行之由之因
也八大義者理爲五句修爲八句應六章廣大法雨大法
雨擊大法鼓不聞大法鼓建大法幢然大法炬吹大法螺

下，現見憶念因。第十「弥勒當知尔時妙光菩薩」下，現見自身所逕事因。因者所以，文殊現量智見其事證其所由，以答弥勒，故説爲因。或此十事多居往代，爲今時因，故名爲因。此十因中揔爲五對：一義教對，二希勝對，三轉嗣[一]對，四堅進對，五他自對。配經十相如次應知，此中揔分爲四：一示相籌量答，二乑古成今答，三指陳別事答，四古今相即[二]答。初二後一如文次弟，自餘中間七因揔爲指陳別事[三]，至文當知。今此即示相籌量答。惟者，思也念也謀也。忖[四]，度也。論名現見大義因成就[五]，義者義理，成於八種大義理之所由，所由因也。八大義者，經有五句，論有八句，應言欲説大法，雨大法雨，擊大法鼓，不斷大法鼓，建大法幢，然大法炬，吹大法蠡[六]，

校注

【一】「嗣」，「嗣」之俗字，國圖本、《大正藏》皆作「嗣」。【二】「相即」，唐本作「即相」，中有倒乙符。【三】「事」下，唐本塗去一字。【四】「忖」下，《大正藏》有「者」。【五】「成就」，國圖本無「成就」，而下有「者」。《大正藏》「成就」下有「者」。【六】「蠡」，俗字，同「蠡」。《大正藏》作「螺」。

演大法義。此中有七，前後不取大法鼓，今以前攝，故有四說。
一不取遠雨大法雨，二法雨字音去，初等音喚易，二音昌為
反，吹二反，今從初反。螺音落戈反，亦蠡也，或作蠃，法云：
鼓者，取鼓召集，後大法之，破先往敵，凡佐鼓令進勝，
故言所鼓者將長潛魔者身故，初雨大法雨，先住內凡而
元鼓者從習菩薩，今入聖位之證習故，此本法言上
六和遠曰螺和起以釋羅文，六法螺義法云振熟者為說
二種審隨不同，經中并二審隨不，三句承敘所擊大法
鼓不取大法鼓以遠中故為有聲之所略，今者開隨義中
不為撰審隨不難，今同說并不為之審隨不為二審

七三三 演大法義。論中弟七方説不斷大法鼓，今以義推故弟四説
七三四 亦不相違。雨大法雨，二皆宇音，或初芋音。吹有二音，昌爲[一]、
七三五 尺僞二反，今從初反。螺，音落過反，水蟲也，或作蠃[二]。論云：
七三六 「疑者斷疑，即欲説大法欲破[三]先疑[四]住外凡位，疑[五]令進脩
七三七 故，已斷疑者增長淳[六]熟[七]智身故。即雨大法雨，先住内凡而
七三八 无疑者，滋善萌牙[八]，令入聖[九]位欲增善故。」此本論意[一〇]，上
七三九 下相連，勾瓅[一一]相起，以釋經文，下皆准知。論云：「根熟者，爲説
七四〇 二種密境界，謂聲聞菩薩二密境界，二句示現，即擊大法
七四一 鼓，不斷大法鼓，以遠聞故次弟配之。」即明今者開往聲聞
七四二 乘爲權密境界，顯今所説菩薩乘爲實密境界，名二密

校注

【一】「爲」下，國圖本有「反」。【二】「蠃」下，《大正藏》有「字」。【三】「破」，國圖本作「彼」。【四】「疑」，唐本小字補。【五】「疑」，國圖本、《大正藏》皆無。【六】「淳」，國圖本作「純」。【七】「熟」下，《大正藏》有「彼」。【八】「牙」，《大正藏》作「芽」。【九】「聖」，國圖本作「其」。【一〇】「意」，國圖本作「音」。【一一】「勾瓅」，國圖本作「鈎鑠」，《大正藏》作「鉤鎖」。

境令於熟者攝歸於實故論云入密境界者令逮於
上上清淨處故示建大法幢建立菩提如為顯高顯故
於如於幢由為攝實為攝為於以大乘心得菩提為離
信淨故論云逮於上上清淨處者逮於一切為現足故
為說大法者究竟得實為建立菩提照於實境隱蔽故如
照物故論云於一切為現足者為一切法建立名字章句義故
為吹大法螺究竟得實境界為及教義教誨一切法故
名為一切法建立名字了如修化眾生終滿信吹大螺吼
令究得學爭圓滿信為化及法二法如是故菩薩及吹
具為時論云建立名字章句義者令入不可及隱為精法於
故為演大法義及於教者令信發度入於隱為集精法

743 境[一]，令根熟者捨權取實，故論云：「入密境界者，令進取
744 上上[二]清淨義故，即建大法幢，建立菩提妙智極高顯故。
745 猶如於幢由知權實有捨有取，行大乘行得菩提智離
746 障淨故。」論云：「進取上上清淨義者，進取一切智現見故，
747 即然大法炬。」既得真智建立菩提，照於真境證涅槃故，如炬
748 照物。論云：「取一切智現見者，爲一切法建立名字章句義故，
749 即吹大法蝝[三]，既得真境必須爲[四]說教義，教詮一切法故，
750 名爲一切法建立名字[五]等，如俗作樂，曲終滿位吹大蝝[六]吼。
751 令既得果事圓滿位，爲他說法亦復如是。」故《涅槃經》[七]說「吹
752 貝知時」。論云[八]：「建立名字章句義者，令入不可說證智轉法輪
753 故，即演大法義，說於教者，令所應度入於證智，成轉法

校注

【一】「境」下，《大正藏》有「界」。【二】「上」，國圖本無。【三】「蝝」，「蠡」之俗字，《大正藏》作「蠡」。【四】「爲」，《大正藏》無。

【五】「字」下，國圖本有「章句義者令立名字」。【六】「蝝」，國圖本、《大正藏》皆作「螺」。【七】「經」，國圖本、《大正藏》皆無。

【八】「論云」，唐本於行間補寫。

釋經初解此八句中分爲四節一發意趣第二開標所
實節三明其隱實節四明法和生節如是類釋名爲法
釋曰究明義之今者情隱重其者發其所以從究句
理所經故此初示爲節可被所言義釋其由經者五
句經二節來者發意趣其明法初生所標一乃自行所實
自者隱其文節法說仍不得南讀者說者經法其子
實不說大法贊曰六根不立同文字章句言者綠因者此說
大教故教是立同義說名字章句故言者言說說教
之所以也不是乘者其今爲文中言三一乘爲其二乘其今三
釋言此初菩薩是故爲言爲之說如是贊曰此說其今猶是
今衆生故取所緣贊曰此釋令言故先同言之之今知見者

七五四 輪摧於煩惱。」此八句中分爲四對：一破惡進善對，二開權顯
七五五 實對，三得智證真對，四説法利生對。如是循環，名爲法
七五六 輪。自既得果，欲令有情證聖真智破戚煩惱。論既勾[一]
七五七 環解經，故此相乘爲對可披解意。尋釋來由，經有五
七五八 句唯二對半，有破惡進善、説法利生、顯[二]權一門；自餘顯實、
七五九 得智證真，文對皆闕，仍不次弟，讀者應知。經「諸善男子」
七六〇 至「即説大法」。賛曰：下現見世間文字章句意甚深因者，此説
七六一 大教故，教是世間戲論名字章句故。意者意況，説教
七六二 之所以也。即是乣古成今答。文中有三：一乣過去，二結成今，三
七六三 釋[三]意。此初也。經「是故當知」至「亦復如是」。賛曰：此結成今。經「欲
七六四 令衆生」〔至〕[四]「故現斯瑞」。賛曰：此釋其意。放光何意？欲令知聞者[五]

校注

【一】「勾」，國圖本作「鈎」，《大正藏》作「鉤」。【二】「顯」，國圖本、《大正藏》皆作「開」。【三】「釋」下，國圖本、《大正藏》皆有「其」。【四】「至」，唐本無，據國圖本、《大正藏》補。【五】「知聞者」，「者」係欄下補寫，國圖本、《大正藏》皆無「知」「者」。

知

難信法故舊經二失今謬一實今據意極形今新經為正

名難信不從信難解旨亡難羅諸學子及阿僧衹劫

贊曰六事八因總有二文初長行後偈頌長行大分二初七因

指陳所為事義後一因古今相違義初文分三初一讚指佛所為事

義次一歎佛勝妙義後佛出世陳因事義初讚指佛所為事義

諸佛稱揚佛所為因充量時不可得見故如中所四一讚時久

遠佛二讚佛號名佛三讚法勝妙佛四讚生利益佛此出初

也法云不思議不可稱不可量者來現之使阿僧衹劫不可

因故贊云阿僧伽分訛云阿僧衹亦元數也佛說法是

十二數是一種十四此數極名阿僧衹未數六十倍八倍為無

知[一]難信法故。昔説二真、今談一實，令捨舊極[二]取今新極，故名難信。不但信難，義㫖[三]亦難。經「諸善男子」至「阿僧祇刧」。

賛曰：下有八因，摠有[四]二文：初長行，後偈頌。長行大[五]分二：初七因指陳別事答，後一因古今相即答。初文分三：初一讚揚希有答，次一顯後勝妙答，後五委陳同事答。初讚揚希有答，論名現見希有因，无量時不可得故。於中有四：一讚時久遠希，二讚仏名[六]号希，三讚法勝妙希，四讚生利益[七]希。此即初也。論云：「不[八]思議不可稱不可量者，示現過彼阿僧祇[九]刧不可得故。」梵云[一〇]阿僧企耶，訛云阿僧祇，言无數也。《倶舍論》説：「五[一一]十二數，從一積十至此數極，名阿僧祇，本數六十，餘八傳忘。」《花

校注

【一】「知」，唐本小字補。【二】「極」，國圖本作「疑」。【三】「㫖」，《大正藏》作「旨」，字同。【四】「有」，國圖本、《大正藏》作「為」。【五】「大」，國圖本、《大正藏》皆無。【六】「名」，唐本小楷補。【七】「益」，《大正藏》作「答」。【八】「不」下，國圖本、《大正藏》皆有「可」。【九】「祇」，唐本右上有點，此形與於魏碑。【一〇】「云」，國圖本作「音」。【一一】「五」上，國圖本、《大正藏》皆有「弟」。

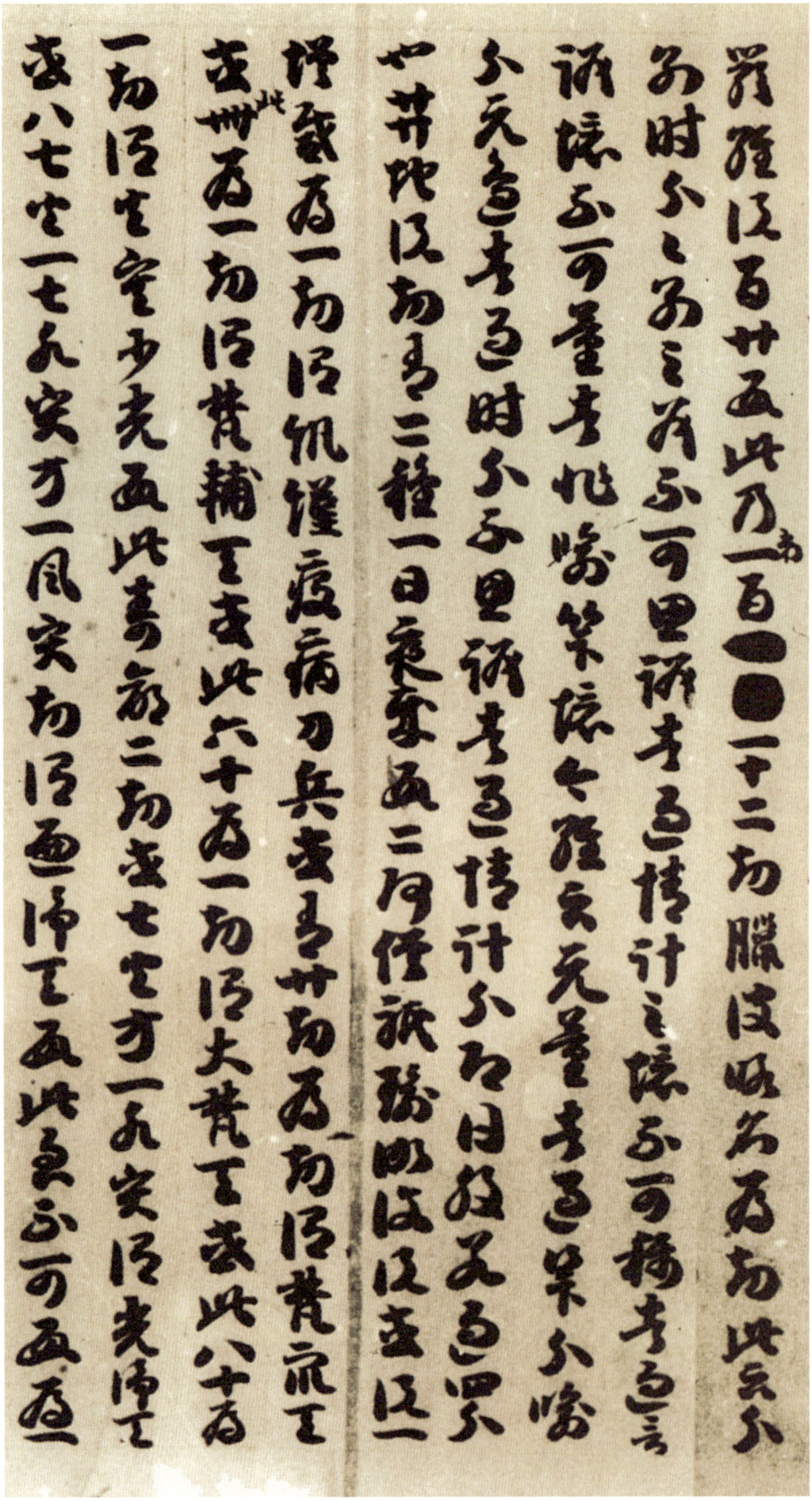

七七五

嚴經》説百卄數[一]，此乃弟[二]一百[三]一十二[四]。劫臘[五]波略名爲劫，此云分

七七六 別，時分分別之義。「不可思議」者，過情計之境。「不可稱」者，過言
七七七 議[六]境。「不可量」者，非喻竿[七]境。今經云「无量」者，過竿分喻
七七八 分。「无邊」者，過時分。「不思議」者，過情計分；即同《般若》過四分
七七九 也。《菩薩地》說劫有二種：「一日夜歲[八]數，二阿僧祇[九]。」《瑜伽》復
說，或說一
七八〇 增咸爲一劫，謂飢饉、疫病、刀兵；或有卄劫爲一[一〇]劫，謂梵衆天；
七八一 或此[一一]卌[一二]爲一劫，謂梵輔天；或此六十爲一劫，謂大梵天；或此八十爲
七八二 一劫，謂火灾[一三]，少光[一四]數此壽命二劫；或七火方一水灾[一五]，謂[一六]光淨天；
七八三 或八七火、一七水灾方一風灾劫，謂遍淨天。數此至不可數爲一

校注

【一】「廿數」，國圖本作「廿餘」，《大正藏》作「二十數」。【二】「弟」，唐本小字補。【三】「百」下，唐本塗去二字。【四】「一十二」，國圖本作「廿二」。【五】「臘」，國圖本作「臈」，古同。【六】「議」，國圖本作「儀」。【七】「竿」，《大正藏》作「算」，字同。【八】「歲」，《大正藏》作「年」。【九】「祇」下，《大正藏》有「劫」。【一〇】「一」，唐本小字補。【一一】「此」，唐本小字補，《大正藏》無。【一二】「卌」，《大正藏》作「四十」。【一三】「灾」，《大正藏》作「災」，字同。「灾」下，《大正藏》有「劫」。【一四】「光」下，《大正藏》有「天」。【一五】「灾」下，國圖本、《大正藏》皆有「劫」。【一六】「謂」下，國圖本、《大正藏》皆有「極」。

阿僧祇凡經此三大阿僧祇劫脩因方得作佛開覺劫不
言多十劫為之至不言謂於文其地前分三十地各分三言
等卅三阿僧祇劫七地已前為小八九十地為中地前為大隨
此小劫量不同一依本依法宅一云何後法劫為依日種一夜
二晝三月四時五年六依无量无邊不可思議之阿僧祇等
非修大劫也云數法依无數大劫時一生成文殊所足數之量
菩薩尔時多依是依無等多莫曰此後依名号帝日月燈明世
而名如來已六具通名日有二義一等明二等熱月有二義
一除熱二清涼燈有二義一破闇二傳照顯佛智等慧及覺
等實熱根除煩惱之熱得菩提之涼永破愚癡化生傳法
表而名帝有也依瑜伽八十三說十號云一如來二應供三正遍

七八四 阿僧祇。凡經此三大阿僧祇劫脩因方得作仏，并[一]賢劫等
七八五 合有十類劫之差別。古《攝論》文或地前分三，十地各分三，合
七八六 成卅三阿僧祇劫，七地已前爲小，八九十地爲中，地前爲大。雖有
七八七 此等劫量不同，今依本論，法花一會所説諸劫多依五種：一夜，
七八八 二晝[二]，三月，四時，五年。今依无量无邊不可思議之[三]阿僧祇年[四]，
七八九 非餘大劫也，欲顯諸仏无數大劫時一出[五]故，文殊所見極久[六]遠
七九〇 故。經「尓時有仏」至「仏世尊」。賛曰：此讃仏名号希。「日月燈明」是
七九一 別名，「如來」已下是通名。日有二能：一[七]導明，二成熟[八]。月有二能：
七九二 一除熱，二清涼。燈有二能：一破暗，二傳照。顯仏能導迷至覺，
七九三 成器熟根，除煩惱之熱，得涅槃之涼，永破愚癡，化生傳法，
七九四 表別名希有也。依《瑜伽》八十三[九]解十号云：一如來，二應供[一〇]，三正等

校注

【一】「并」，《大正藏》作「並」。【二】「晝」，國圖本作「晝」。【三】「之」，國圖本無。【四】「年」，國圖本作「彰」。【五】「出」，國圖本作「生」。【六】「久」，《大正藏》作「大」。【七】「一」，國圖本無。【八】「熟」，《大正藏》作「就」。【九】「三」下，國圖本有「云」。【一〇】「供」，國圖本、《大正藏》無。

覺四明行圓滿五善逝六世間解七無上丈夫調御士八天人
師九佛十薄伽梵如來者初趣摩是六●九號之趣摩也
菩薩云如是去法依行後羅法六波羅蜜卅七品十一空不等
乘卅提友言如是且今得怨如是去法依法教法明六度
不行敘十一空不羅是乘卅提子友言如是不報身依報元
云如是去元行從是亡元行去友名如是不法身依算空文
法云去如實是空正覺友名如是前隆明得地此宗前
法云前正不覺得永得報一切行報隆及行去隆友何羅
隆去此正云前曜法法云前永害行報職前元不長生前
交如件容如前來法敬隆去十五前長勝明及此隆位行
害行報職名何羅隆永前行去隆名前正不覺友勝明云

覺，四明行圓滿，五善逝，六世間解，七无上丈夫調御士，八天人師，九仏，十薄伽梵。如來者初揔序，是下[一]九号之揔[二]序也。《涅槃經》云：「如過去諸仏所説經法，六波羅密[三]、卅七品、十一空等來至菩提，故言如來。」且今釋迦，如過去諸仏，依諸教法脩六度等行，觀十一空等理，來至菩提果，故言如來，即報身仏。《般若》云：「如來者无所從來亦无所去[四]，故名如來。」即法身仏。《成實論》云：「乘如實道來成正覺，故名如來。」義雖略得，非此宗義。論云：「應正等覺，謂永解脱一切煩惱障及所知障故」。阿羅漢者，此正云應。《唯識論[五]》云：「應[六]永害煩惱賊，應无分段生，應受妙供養。」如前本論釋經有十五義，是《瑜伽》及此經但取[七]害煩惱賊名阿羅漢，永斷所知障名爲正等覺。故《瑜伽》云：

校注

【一】「下」下，唐本塗去一字。【二】「揔」下，國圖本有「名」。【三】「密」，《大正藏》作「蜜」。【四】「去」，國圖本作「至」。【五】「唯識論」，國圖本、《大正藏》皆作「成唯識」。【六】「應」下，《大正藏》有「已」。【七】「取」，右側有墨點，或係殘損。

有漏是世俗正見六是無世俗慧非正見名正見
覺覺如次皆攝若小乘并三種明如次圓滿者名明如次通明
三明一宿住隨念智明二生死智明三漏盡智明如次隨遣如
次如次隨清淨三業觀次正觀又四種增上心法現法樂
住是住如此二是如次如次攝害淺根令是遣如次此二如及
明法圓滿由此如來親承三不護無忘失法由不共念色至
了靜慮意自在如此中由不共念三業清淨故名三不
護審護根門故無忘失法由至了靜慮觀法樂住遣自
在如此故言明如圓滿攝甚也者謂於長夜定一切種自於
己他二利法故攝者謂也謂攝世殊己於生死長夜定一切種

「阿羅漢是共德，正等覺下是不共德。」舊云正遍知，即正覺等覺[一]，如次簡外道、小乘、菩薩三種。明行圓滿者，即明行足，明謂三明：一宿住隨念智明，二生死智明，三漏盡智明。行謂遮行、行行。行行謂清淨三業現行正命。又四種增上心法現法樂住是住行，此二是行行行[二]攝。密護根門是遮行行[三]。此二行及[四]明皆圓滿，由此如來顯示三不護，无忘失法，由不造過，世[五]間靜慮，遮自苦行。此中由不造過[六]，三業清淨故，即三不護密護根門故，无忘失法得世間靜慮，現法樂住，遮自苦行也。故言明行圓滿。善逝[七]者，謂於長夜具一切種自利、利他二切德故。逝者往也。謂成菩提已，於生死長夜具一切種

校注

【一】「正覺等覺」，唐本作「正等覺覺」，有倒乙符。國圖本作「正覺等覺正覺」，《大正藏》作「正覺，等覺，正等覺」。【二】「行行行」，國圖本、《大正藏》皆作「行行」。【三】「遮行行」，國圖本、《大正藏》皆作「遮行」。【四】「及」下，《大正藏》有「三」。【五】「世」上，《大正藏》有「得」。【六】「過」下，國圖本、《大正藏》皆有「者」。【七】「善逝」，唐本作「逝善」，中有倒乙符。「逝」下，唐本有「也」，點刪。

二於切法善爭住盡故名善逝世間解者有情及器二
世間中諸善通達故由悟入有情世間諸前後際往
生死者悉諸一切時八万四千行是不共者三際流生心是
不盡善了知器世間不於系方等十方無量世界善
了知故又於一切世間諸法自性因緣善味患生離
都行等諸善知故悟知自性因緣因此為趣向修四
之諦次第說之無上丈夫調御士者舊云無上士調御丈夫
者無等故無過上故名無上於諸法中能示顯好是大丈
夫當又調御無量丈夫當為一故推導故由此故稱無
云無上士調御丈夫天人師者以彼天人能方便勤修正行
之力能故迷都示能故示隨所應仙隨出諸罪垢黃斷一切擾

二利功德善事往矣。故名善逝。世間解者，有情及器[一]二世間中皆善通達故，由悟入有情世間依前後際宿住生死智，依一切時八万四千行差别故，即知三際衆生心行差别，及善了知器世間等，於東方等十方[二]世界无邊成壞善了知故。又於一切世間諸法自性、因緣、愛味、過患、出離、能趣行等皆善知故，謂知自性[三]果也。因緣，因也，此爲揔句，餘四四諦次弟[四]配之。无上丈夫調御士者，舊云无上士調御丈夫，智无等故无過上，故名无上；於現法中仏身具相好，是大丈夫；又[五]多分調御无量丈夫寂弟一故，極尊勝[六]故，由此故[七]釋。舊云无上士調御丈夫。天人師者，以彼天、人解甚[八]深義勤[九]脩正行有力能故，餘趣不能故不称師。言仏陁者，謂畢竟断一切煩惱[一〇]

校注

【一】「器」，同「器」，《大正藏》作「器」。【二】「方」，唐本小字補。【三】「性」，國圖本作「體」。【四】「次弟」，國圖本、《大正藏》皆作「如次」。【五】「又」，唐本小字補。【六】「勝」，國圖本無。【七】「故」，國圖本、《大正藏》皆作「後」。【八】八二五至八二七行自「調」起，乃一不諳草書者所書。書「甚」似「皆」，又將兩點描連以充「甚」。【九】「勤」，似「勒」，敦煌草書每混，依國圖本、《大正藏》釋「勤」。【一〇】「惱」下，國圖本、《大正藏》皆有「所知」。

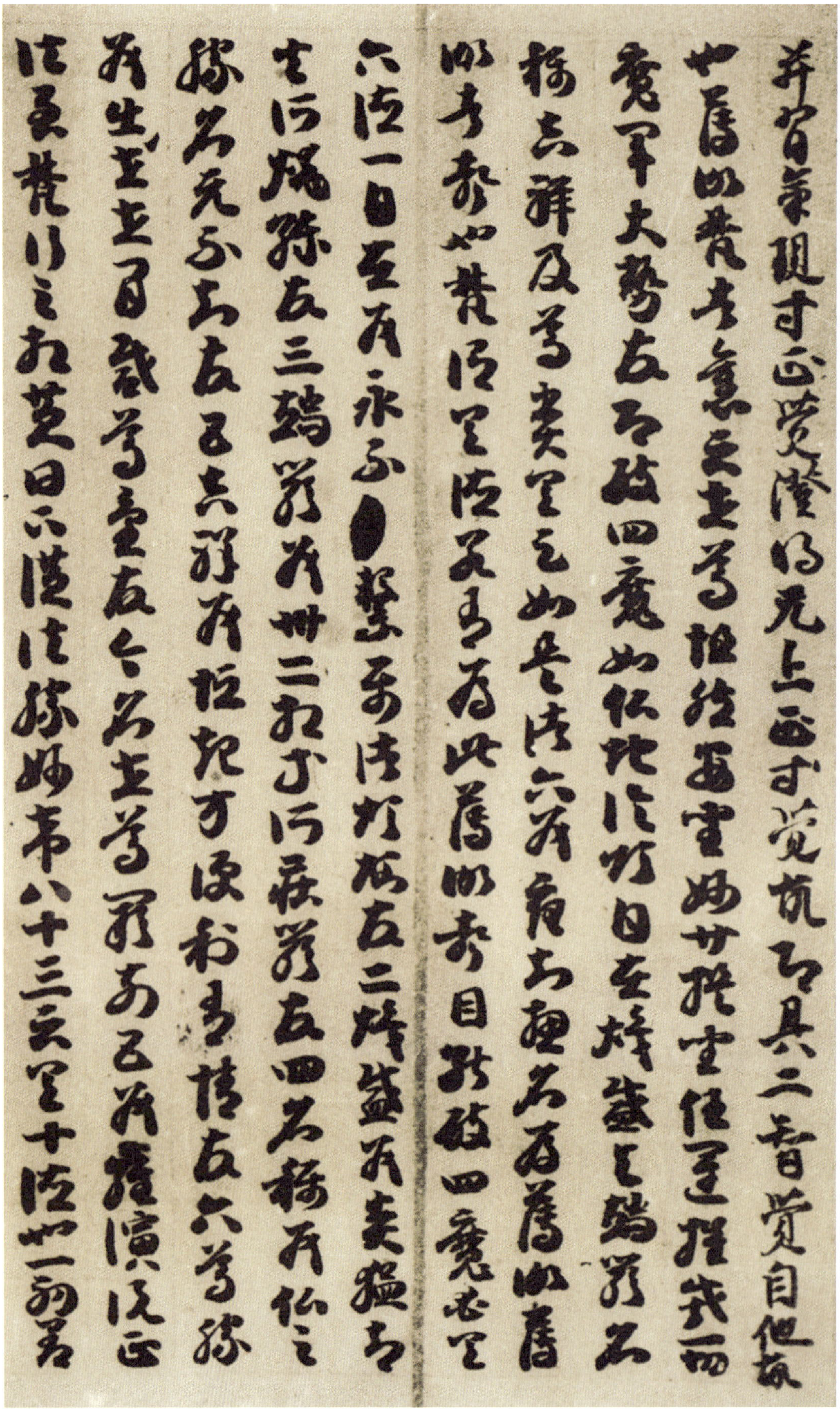

八二七

并習氣，現等[一]正覺，證得无上正等覺故，即具二智覺自他故[二]

八二八 也。薄伽梵者，舊[三]云世尊，坦然安坐妙菩提坐[四]，任運摧威一切
八二九 魔軍，大勢〔力〕[五]故即破四魔。如《仏地論》頌：「自在、熾盛、与端嚴，
名
八三〇 稱、吉祥及尊貴，具足如是諸六義，應知揔名爲薄伽。」薄
八三一 伽者聲也。梵謂具德，若有爲此薄伽聲，自[六]能破四魔，必具
八三二 六德：一自在義，永不[七]繫屬諸煩惱故；二熾盛義，炎猛智
八三三 火所燒練故；三端嚴義，卅二相等所庄嚴故；四名稱義，仏之
八三四 勝名无不知故；五吉祥義，恒起方便利有情故；六尊勝[八]
八三五 義，世出[九]世間咸尊重故。今名世尊，闕前五義。經「演説正
八三六 法」至「梵行之相」。賛曰：下讚法勝妙希。八十三云：「具十德也。一初
善，

校注

【一】「等」，唐本草寫少右點。【二】「故」，國圖本、《大正藏》皆無。【三】「舊」，國圖本作「應」。【四】「坐」，國圖本、《大正藏》作「座」。【五】「力」，唐本無，據《大般若波羅蜜多經般若理趣分述讚》卷一、國圖本、《大正藏》補。【六】「自」，唐本作「目」，據國圖本、《大正藏》改。【七】「不」下，唐本塗去一字。【八】「勝」，國圖本、《大正藏》皆作「貴」。【九】「世出」，唐本作「出世」，中有倒乙符。此處國圖本作「故世出」。《大正藏》作「世出」。

得於中時生歡喜故二中等得勝同時天子歎其遠離
二道依中善得故三住等得增實云難依語故及一切衆
云難言為住道故依難語故學之言之難語故
勝得實云因字難語故為發依云漢布能為初等漢
指此為中菩薩二字取生下淨土名住菩提住發中指要
大衆亦名三菩寂煩羅云云所吉集名初菩勝引正善名中
菩陀發名住菩長名發中初中住菩覺不離廿共以不忘
二不退的一切有長名并初中住菩人依雖此為正回文修此
云受語修如得菩提發名言于故及八語軍修圖滿故王殊 一此五統
如此云受我除遠得歎引發我益要不故六我一天雜得

八三七 謂聽聞時生歡喜故。二中善，謂脩行時无有艱苦，遠離
八三八 二邊依中道行故。三後善，謂極究竟離諸垢故，及一切究
八三九 竟離欲爲後邊故。」法性離垢故，能學[一]之者亦離垢故，
八四〇 脩行究竟得果離垢。故《智度論》云：「讃布施爲初善，讃
八四一 持戒爲中善，讃二果報生天淨土名後善。復説聲聞、獨覺、
八四二 大乘亦名三善。」《寶愜[二]經》云：「知苦[三]斷集名初善，脩行[四]正道名中
八四三 善，證烕名後善，是名聲聞初、中、後善；若不捨菩提心，不念
八四四 二[五]乘，迴向一切智是名菩薩初中後善。」今依《瑜伽》爲正。四文巧，此
八四五 云「其語巧妙」，謂善絹[六]綴名身等故，及八語具皆圓滿故[七]。五義
八四六 妙[八]，此云其義深遠，謂能引發利益安樂故。六純一，一此五純[九]无雜，謂

校注

【一】「學」，國圖本作「斈」，字同。【二】「愜」，《大正藏》作「篋」。【三】「苦」，唐本小字補。【四】「行」，國圖本、《大正藏》皆無。【五】「二」，國圖本、《大正藏》皆作「下」。【六】「絹」同「緝」。國圖本作「絹」。《大正藏》作「緭」，當爲「絹」之誤。【七】「故」，國圖本無。【八】「五義妙」，《大正藏》作「五妙義」。【九】「一此五純」，唐本小楷補，國圖本、《大正藏》皆作「此云純一」。

示三一切諸菩薩故唯佛法身然後行無七圓滿此云空之
無限量故宣等勝故所豐足勝故為圓滿八清淨名曰
性離諸故一無雜曰離諸故去法曰性離諸故九鮮白名
和雜離故故後無雜二離故故其等之者二離故故其
十贊曰八聖道支等衍為贊曰衍為曰三等為圓此空八
道名贊曰之初者此道由此一道具四種如和之行那說
是贊曰初此中有六純一無雜者七圓之者八清淨者九鮮
白時文可知經所說曰新發行經為成就中者是其一
切種智菩薩日六度漢生於善根者佛生王瞿說一法者示說
法令說三乘故名本事義音於無反又於除反義者義

八四七 不与一切外道共故，唯仏法有，外道所无。七圓滿，此云具足，
八四八 无限量故，寂尊勝故，義豐且勝故名圓滿。八清淨，謂自
八四九 性解脱故，一[一]刹那自體解脱故，或法自性解脱[二]。九鮮白，謂
八五〇 相續解脱故，設多刹那亦解脱故，或學之者亦解脱故。
八五一 十梵行，八[三]聖道支感諦名梵，道諦名行，与感爲因，此具八
八五二 道名梵行之[四]相。當知此道由純一道[五]等四種妙相之[六]所顯説[七]，
八五三 是梵行相此中弟六純一无雜、弟七具足、弟八清淨[八]、弟九鮮[九]
八五四 白，餘[一〇]文可解，准義配同新經所説。經「爲求聲聞者」至「成一
八五五 切種智」。賛曰：下經[一一]讃生利益希有。仏出世唯説一法或不説
八五六 法，今説三乘故名希有。應，音於興反[一二]，又於證[一三]反，應當[一四]應

校注

【一】「一」上，《大正藏》有「依」。【二】「脱」下，《大正藏》有「故」。【三】「八」上，國圖本、《大正藏》皆有「謂」。【四】「之」，國圖本、《大正藏》皆無。【五】「道」，《大正藏》無。【六】「之」，國圖本、《大正藏》皆無。【七】「説」下，國圖本、《大正藏》皆有「故」。【八】「淨」，國圖本、《大正藏》皆無。【九】「鮮」，國圖本、《大正藏》皆無。【一〇】「餘」下，國圖本、《大正藏》有「如」。【一一】「經」，國圖本、《大正藏》皆無。【一二】「反」，國圖本無。【一三】「證」下，國圖本有「二」。【一四】「當」下，國圖本有「謂」。

葉陀至護寔頂法葉衣於法當友衆生於性事六
中上迦者四諦法淨因果由前事友名曰彼中迦者生
既十二因緣果羅緣名得緣覺離川二乘迦名經者偈以六
度炎衣化仙名羅并當集藝者緣文迦仙陀此云拍覺
既云羯叉似薩羅以復事然至雄那羅陸莫曰六事二那以
緣若於名稱足緣婆以德仙并自乘瑟曼因緣名姓於友
名緣婆文是四婆此中是二名曰婆二姓曰婆那羅陸者吠
羅門十八姓中之一姓世羅弥勒當者是那中以羅莫曰此是
二婆一者曰婆二法婆曰婆以三羅母修也陀羅者舍以法是
是八子莫曰六事三乘要除因爭若是為因一多文用大國二

契，隨其機器説法契應，根、法相當故。衆生根性有下、中、上，揔知四諦染淨因果，由寂劣故名得聲聞；揔知生死十二因緣[一]果，次勝名得緣覺；能行二乘[二]，揔、別俱知，脩以[三]六度，究竟作仏，名爲菩薩，當成種智。辟支迦仏陁[四]。此云獨覺，略云辟支仏[五]。經「次復有仏」至「姓頗羅墮」。賛曰：下弟二顯後勝〔妙〕[六]答。論名[七]現見勝妙囙[八]，以諸仏菩薩自示現受用勝名姓[九]等，故名勝妙。文有四妙，此中有二：一名同妙，二姓同妙。頗羅墮者，婆羅門十八姓中之一姓也。經「弥勒當知」至「初中後善」。賛曰：此有二妙：一号同妙，二法同妙[一〇]。略説三善貫餘七德。經「其寂後仏」至「有八〔王〕[一一]子」。賛曰：下弟三段委陳同事答。有五因：一受用大因，二

校注

【一】「緣」下，國圖本、《大正藏》皆有「因」。【二】「乘」，國圖本、《大正藏》皆作「利」。【三】「以」上，《大正藏》有「行」。【四】「陁」下，國圖本、《大正藏》皆有「者」。【五】「仏」，國圖本無。【六】「妙」，唐本無，據國圖本、《大正藏》補。【七】「名」，國圖本作「云」。【八】「囙」，字同「因」，唐本小字補。【九】「姓」，國圖本作「性」。【一〇】「同妙」，唐本作「妙同」，據國圖本、《大正藏》乙正。【一一】「王」，唐本無，據經本、國圖本、《大正藏》補。

攝取諸佛精法花因三為賢聖如來法花因四為達入因五
悟忍因於中有二初一因佛至宣揚後四因我從行化受用
大因者論云是時長子受持妙法為菩薩生家後沒大家於
不請時不生慶隨心喜此攝受用因中文之大意有二受用
一至心受上上樂二生心受法樂此文有四一示相同久二唱我
是名三有等佛記四說入藏示相同久有六元初序不等
論六三日此序品之中分此文第一同久遠等第二長時日月
燈明六同久時等第三時後長羅六同久遠等第四爾時
如來教首六同久後因等第五彌勒為主爾時會中
有廿億菩六同久上之中等第六時有菩薩名曰妙光六同久遠

八六七 攝取諸仏轉法輪因，三善堅實如來法輪因，四能進入因，五
八六八 憶念因。於中有二：初一因仏在宣揚，後四因咸後行化。受用
八六九 大因者，論云：「是時王子受勝妙樂，各捨出家，後[一]彼大衆於
八七〇 尒許時不生疲[二]侶[三]心故。」此解受用因中文之大意。有二受用：
八七一 一在家受欲樂[四]，二出家受法樂。此文有四：一示相同今，二唱咸
八七二 異即，三當成仏記，四現入涅槃。示相同今有六，无初序分成〔就〕[五]，
八七三 餘六亦[六]同此序品之[七]事。此文[八]第一同今衆成；第二「是時日月
八七四 燈明」下同今時成；第三時[九]「說是」經下[一〇]同今威儀成；第四「尒時
八七五 如來放眉間」下同今說因成；第五「弥勒當知尒時會中
八七六 有廿億菩薩」下同今欲聞[一一]成；第六「時有菩薩名曰妙光」下同今答

校注

【一】「後」，《大正藏》作「復」。【二】「疲」，唐本部首作「广」，國圖本、《大正藏》皆作「疲」，依之。【三】「侶」，同「倦」。【四】「欲樂」與下句「法樂」，國圖本皆無「樂」字。【五】「就」，唐本無，據國圖本、《大正藏》補。【六】「亦」，國圖本、《大正藏》皆無。
【七】「之」下，唐本有「中」，點刪。【八】「此文」，國圖本作「此下文」。《大正藏》作「此下」。【九】「時」，國圖本、《大正藏》皆無。
【一〇】「經下」，國圖本作「經已下」。《大正藏》無「經」。【一一】「聞」，國圖本作「開」。

業因求業中事二無作二生宗無作事三一切事子二而
八名三明王化此即世出世法俗必先事子後身生宗爾降生
目受樂者反樂聚善樂不可窮友聚俗證宜丈夫治反
薩一名事言是八名法言菩薩曰此弟八名亦爾四義一大為大
然義二了事了無義三竟菩薩意義四意修為其義
如法眼之薩是八王子至名行四至六菩薩曰此明王化先一至弟事
二難王如何今言先行四至六今餘八子和雖疑行非一時於
以顯通句說俗與正法句難王生如何度俗事子為從於
王此乃在強難齊王四至六如釋幽俗夜爾舍難王非正
已受句衛說反由是法象八可奪穰法可生弟十句衛說

成。同衆成中有二：一在俗，二出家。在俗有三：一摽有子，二列八名，三明王化。此初也。法尔諸仏必先有子，後方出家，爲降世間受樂者故示現欲樂不可寶故，顯仏能具丈夫德故。

經「一名有意」至「八名法意」。賛曰：此列八名。分爲四雙：一大智大悲雙，二了有了空雙，三進善破惡雙，四達僞知真雙，如次配之。經「是八王子」至「各領四天下」。賛曰：此明王化。无一世界有二[一]輪王，如何今言各領四天下？今解八子相継統領，非一時也。然以義通，刧成仏興、世[二]刧增[三]輪王方[四]出，如何彼仏有子而作輪王？此乃應紹輪帝王四天下，如釋迦仏應爲金輪王，非正已受，刧漸减故，由是[五]增至八万歲穰佉[六]方出[七]。弟十刧初[八]咸

校注

【一】「二」，國圖本無。【二】「世」，國圖本、《大正藏》皆無。【三】「刧增」，唐本作「增刧」，中有倒乙符。【四】「方」，唐本小字補。

【五】「是」，國圖本、《大正藏》皆作「此」。【六】「穰佉」即轉輪王。「穰、儴、禳、蠰」互通。國圖本作「攘」，《大正藏》作「儴」。

【七】「出」，國圖本作「生」。【八】「初」，唐本作「漸」，據《觀彌勒上生兜率天經賛》卷一、《法華經玄賛要集》卷二十一、國圖本、《大正藏》改。

弥勒方生於王家長在得見弥勒出此叔仏已化仏猶叔
仏未出家為生在可為子得記於王妙光化八子堅固廿
换得入八地在三叔仏示為并发後无量示為教中後後
法花如散香王阿弥陀仏為壽如子為菩薩是法王子至亡
隱生家業曰六明生家為三一般隱其倡二行生塵中三明
通云孫賢賜論直此初心猶於王位如有意發履歷生
家如金之人得宝貴賤及依主隷屬為菩薩發大乘言義法
為法師業曰行生塵中如衆发大心悟勒猶於宮妙
羅漢為法師發心者住空貴行者猶菩法師者更三
菩薩修集菩薩已於身可住仏行種性名本業曰得通云孫

八八七 弥勒方出[一]，輪王命長故得[二]見弥勒。或此報仏与化仏殊，報
八八八 仏未必於咸[三]刧出[四]，故可有子得作輪王。妙光化八子堅固菩
八八九 提得入八地，故知報仏示[五]爲菩薩先説无量示[六]，爲聲聞後説
八九〇 法花，如《鼓音王[七]》阿弥陁仏有妻子故。經「是諸王子」至「亦
八九一 隨出家」。賛曰：下明出家。有三：一形隨真侶[八]，二行出塵中，三明[九]
八九二 遇良緣，堅脩福恵。此初也。捨輪王位如富者脱屣，趣出
八九三 家如貧人得寶，寛曠无依去覊[一〇]絅故[一一]。經「發大乘意」至「皆
八九四 爲法師」。賛曰：行出塵中也。既發大心，恒勤持戒，能宣妙
八九五 理，皆爲法師。發心者住定，梵行者持戒，法師者具恵，三
八九六 藏脩矣。經「已於千万[一二]仏所殖諸善本」。賛曰：得遇良緣

校注

【一】「出」，國圖本作「生」。【二】「得」，國圖本、《大正藏》皆無。【三】「咸」，國圖本作「減」，《大正藏》作「減」。【四】「出」下，國圖本有「世」。【五】「示」，《大正藏》作「亦」。【六】「示」，《大正藏》作「義竟」。【七】「王」下，國圖本、《大正藏》皆有「經」。【八】「侶」，國圖本作「俗」。【九】「明」，國圖本、《大正藏》皆作「得」。【一〇】「覊」，國圖本作「羇」，《大正藏》作「羈」。【一一】「故」下，國圖本有「也」。【一二】「万」下，唐本有「億」，據經本、國圖本、《大正藏》删。

坐明論重經是時日月燈明佛說經贊曰第二曰時其出
支及法花也光及無量義處若時眾示兩菩及菩薩及是
薩及其身心不動贊曰六第三曰發係其事三一然入定三昧
至目三事情至目此動經是時天雨至六種震動贊
曰冥六至目經爾時會中眾一心觀佛贊曰事情至目經爾
時如來放是清經大贊曰第四同及因其有三一放光二照境三
所見如下所見是諸經大是菩薩彌義高古重示言言現諸贊
日第五月言言中其事二一系言言中法二言古衆殊此初世間
友報如教衆現鵠四衆生種系言言可法古衆殊由燈明以

八九七 堅脩福惠也。經「是時日月」至「仏所護念」。賛曰：弟二同時成也。
八九八 夫説《法花》必先説《无量義》，故名時至，示爲菩薩説也。經「説是
八九九 經已」至「身心不動」。賛曰：下弟三同威儀成。有三：一仏入定，二器
九〇〇 世間，三有情世間。此初也。經「是時天雨」至「六種震動」。賛
九〇一 曰：器世間也。經「尔時會中」至「一心觀仏」。賛曰：有[一]情世間也。經
「尔
九〇二 時如來」至「是諸仏土」。賛曰：弟四同説因成。有[二]三：一放光，二照境，
三
九〇三 所見，「如今所見是諸仏土」是也。經「弥勒當知」至「樂欲聽[三]法」。賛
九〇四 曰：弟五同欲聞成。有二：一樂欲聞法，二欲知光緣。此初也。問：何
九〇五 故釋迦放光現瑞，四衆生疑，樂欲問[四]法知光緣由[五]，燈明説

校注
【一】「有」上，國圖本有「此」。【二】「有」，唐本小楷補。【三】「聽」，國圖本、《大正藏》皆作「聞」。【四】「問」，國圖本、《大正藏》皆作「聞」。【五】「緣由」，國圖本作「因緣」。

法乃云菩薩此不日為此依未住趣名四衆後後故以益
名菩薩又此乘事者位云四衆後乘緣衆故云菩薩六作
中云爾時四部衆乃至是何因緣故出家如經行法
八字以為衆首乘緣者故又後實是菩薩化云四衆報身
化故此實是四衆化身化故經是諸菩是行為因緣莫曰
是去來因緣種覺菩薩時事菩是八百弟子莫曰求
六曰七菩其事四一佛燈當事二曰以此經三時易種長哭
衆發樂此劫菩薩是時日月燈明佛是佛行涅槃莫日南二日
因緣此經釋迦緣法佛因緣義同文殊為菩燈明緣法
佛國大衆樂是妙光為菩作中云從說三昧起因妙光

法乃言菩薩与此[一]不同？答：此依本位揔名四衆，彼説發心並名菩薩。又此𥝌劣者但言四衆，彼𥝌勝衆故言菩薩。下頌中云「尔時四部衆乃至是事何因緣」，故知影顯。如經所[二]説八子以爲衆成，𥝌勝者故。又彼實是菩薩化言四衆，報身化故；此實是四衆，化身化故。經「是諸菩薩」至「所爲因緣」。賛曰：欲知光因緣推覓答者[三]。經「時有菩薩」至「八百弟子」。賛曰：弟六同今[四]答成。有四：一傳燈眷屬，二因[五]説此經，三時節短長，四大衆安樂。此初也。經「是時日月燈明仏」至「仏所護念」。賛曰：弟二[六]因説此經。釋迦説《法花》，因弥勒等問，文殊爲答。燈明説《法花》，因大衆樂欲，妙光爲答。頌[七]中言「仏從三昧起，讃妙光

校注

【一】「此」，國圖本、《大正藏》皆作「今」。【二】「所」，國圖本、《大正藏》皆無。【三】「者」下，國圖本有「爲意通牙、知皆得」，《大正藏》作「為音通平、去皆得」。【四】「今」，國圖本、《大正藏》皆無。【五】「因」，唐本作「同」，據《法華經玄贊要集》卷十四、國圖本、《大正藏》改。【六】「二」下，唐本有「曰」，據國圖本、《大正藏》刪。【七】「頌」上，國圖本、《大正藏》皆有「故」。

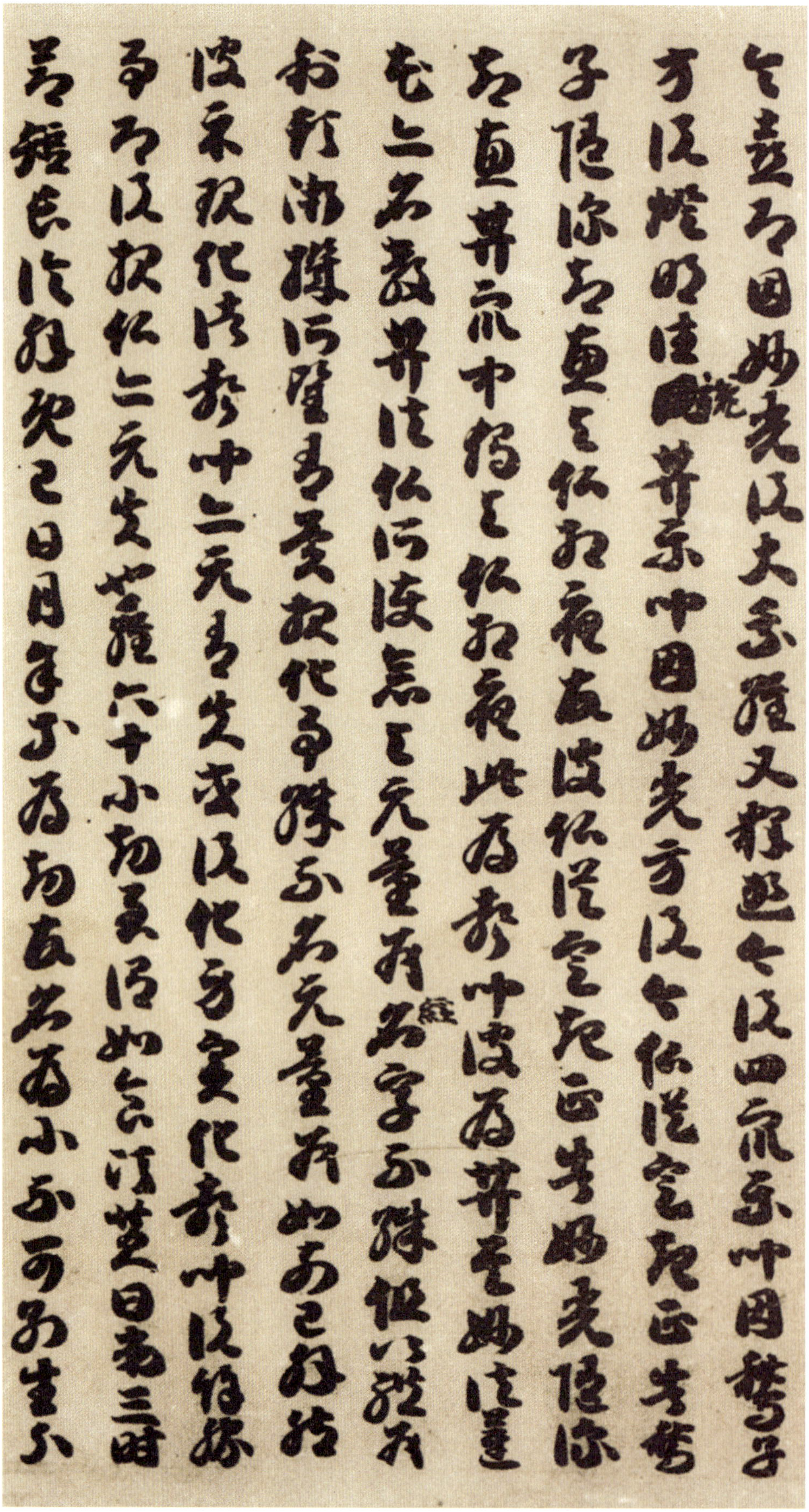

九六

令喜」，即因妙光說大乘經[二]。又釋迦今說[三]四衆樂聞，因鶖子

九一七 方説；燈明往説[三]菩薩樂聞，因妙光方説。今仏從定起正告鶖

九一八 子，隨[四]深智恵与仏相應；故[五]彼仏從定起正告妙光，隨[六]深

九一九 智恵菩薩衆中偈[七]与仏相應。此爲聲聞，彼爲菩薩。其[八]《妙法蓮

九二〇 花》亦名「教菩薩法」，「仏所護念」，与《无量義經[九]》名字不殊，但以體

義、

九二二 利頓漸機，所望有異，報[一〇]化事殊，不名无量義，如前已解。然

九二三 彼示現化諸聲聞亦无有失，或説化身實化聲聞，説餘勝

九二三 事即説報仏，亦[一一]无失也。經「六十小劫」至「謂如食頃」。賛曰：弟三時

九二四 節短長。論解：既已[一二]日月年[一三]等爲劫，故名爲小，不可別生分

校注

【一】「大乘經」，國圖本作「彼法花」，《大正藏》作「法華經」。【二】「説」，《大正藏》作「化」。【三】「往説」，國圖本作「往化説」，《大正藏》作「往化」。「説」，唐本原字塗去，旁補書。【四】「隨」上，國圖本、《大正藏》皆有「聲聞衆中」。【五】「故」，《大正藏》無。【六】「隨」上，國圖本、《大正藏》皆有「菩薩衆中」。【七】「菩薩衆中偈」，國圖本、《大正藏》皆無。【八】「其」下，國圖本有「言」。【九】「經」，唐本小楷補。【一〇】「報」，國圖本作「趣」。【一一】「亦」下，國圖本有「化」。【一二】「已」，國圖本、《大正藏》皆作「以」。【一三】「年」，唐本形似「余」。

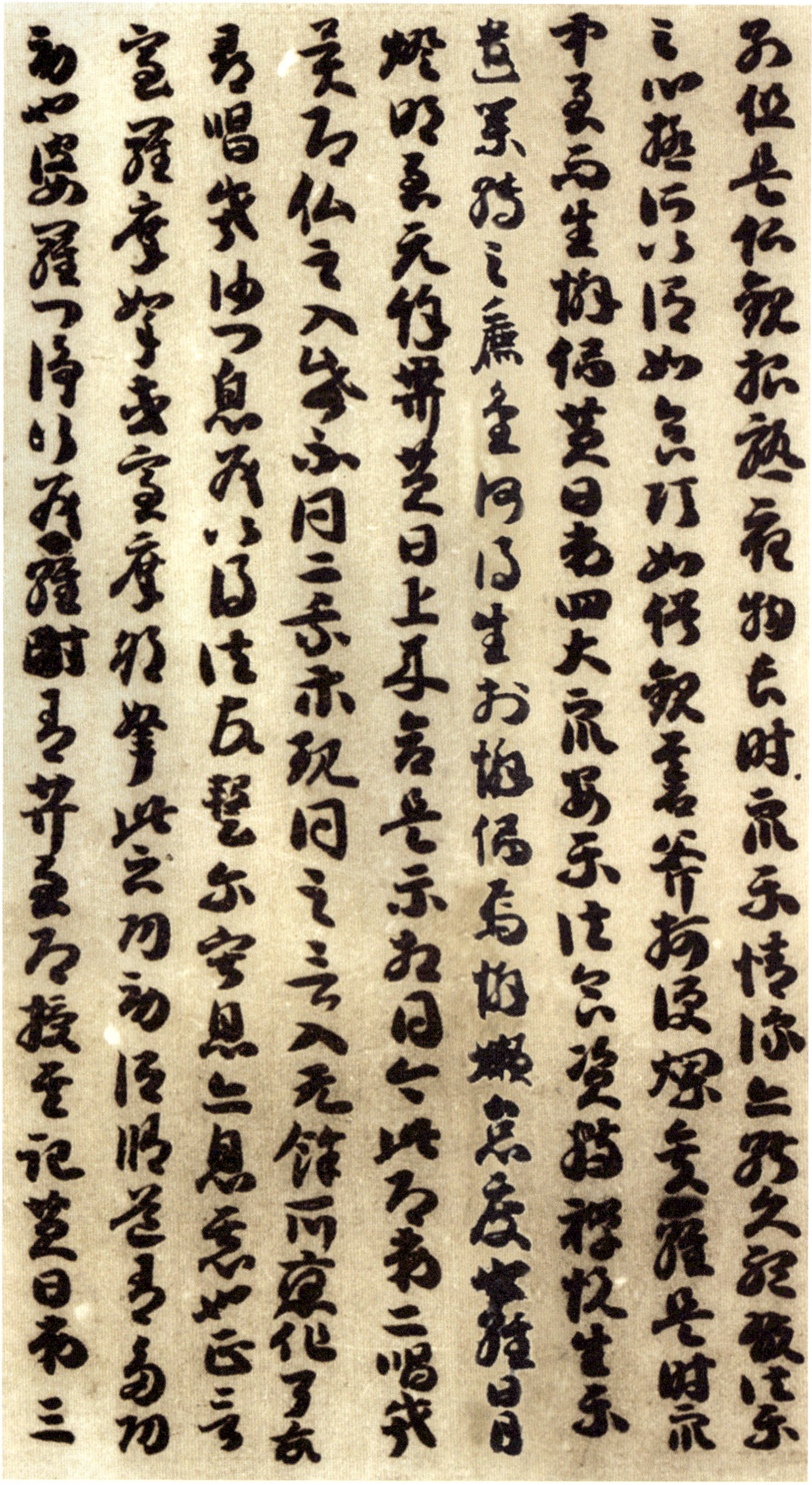

九三五 別。但是仏觀根熟應物長時[一]，衆樂情深[二]亦能久聽翫，法樂

之心極，所以謂如食頃[三]，如俗觀碁斧柯便爛矣[四]。經「是時衆中」至「而生懈㑔[五]」。賛曰：弟四大衆安樂，法食資持禪悦生樂，遺業[六]縛之麁重，何得生於懈㑔焉。懈嬾[七]，怠疲也[八]。經「日月燈明」至「无餘涅槃」。賛曰：上來合是示相同今，此即弟二唱烕異即。仏之入烕不同二乘，示現同之言入无餘，所應作[九]了故尋唱烕。沙門息義以得法故，蹔尒寧[一〇]息，亦息惡也。正言室羅摩拏[一一]，或室摩那拏，此云㓛勞，謂脩道有多㓛勞也。婆羅門，浄行義。經「時有菩薩」至「即授其記」。賛曰：弟三

校注

【一】「長時」，《大正藏》作「時長」。【二】「深」，國圖本作「浄」。【三】「頃」，唐本與國圖本皆形似「項」，《大正藏》作「頃」。《法華經玄賛要集》卷十四：「但是翫法樂之心，極如頃也。」【四】「矣」，國圖本、《大正藏》皆無。【五】「㑔」，國圖本作「惓」，字同。【六】「遺業」，國圖本作「遺法」，《大正藏》作「盡業」。【七】「嬾」，國圖本、《大正藏》皆作「懶」，字同。【八】「怠疲也」，「怠」國圖本作「惓」，《大正藏》作「倦」。「也」下，國圖本有「有作倦无所從」，《大正藏》有「有作倦無所從」。【九】「作」，國圖本作「作化」，《大正藏》作「化」。【一〇】「寧」，唐本與「寂」形混，國圖本、《大正藏》作「寧」，釋文從「寧」。【一一】「摩拏」，國圖本作「魔拏」，《大正藏》作「磨拏」，譯字音同。

當來佛記者二一總二記此初也言指示菩薩教名法菩薩
先法此丘尼三佛陀菩曰此說記也多陀如來阿伽度如來
阿羅訶應供三正覺不供又三正覺佛陀覺覺知是
如來應正不覺十號之中初三號也諸一阿含云佛告比丘法
佛出世必為多事一精進於二處又為三業行之人盡於行施
四乘發菩提心發菩提心及授當佛記此中亦不受佛三
號為不說所思為正法如說以明故不說修菩薩能授記之義
入天諸菩薩曰為四類入菩薩同於入世二為於無中於生死
陀寂靜故如菩薩摩訶薩佛護度說名為人演說菩曰上尊
言是言文因文國佛壽量爾目六四國等說修化為不為四
此云勝行法佛精進於因說云說於不那羅羅日月燈明

九三四 當成仏記。有二：一摽，二記。此初也。合[一]持衆善故名德藏。經
九三五 「告諸比丘」至「三仏陀」。賛曰：此授記也。多陁如義，阿伽度來義，
九三六 阿羅訶應義，三正義，藐[二]等義。又三正義，仏陁覺義，即是
九三七 如來、應、正等覺，十号之中初三号也。《增一阿含》云：「仏告比丘：諸
九三八 仏出世必爲五事：一轉法輪，二度父母，三无信之人立於信地，
九三九 四未發菩薩意令發菩薩意，五授當仏記。」此中亦尒。其仏三
九四〇 号多分依斷、恩、智三德如次以明，故不説餘。經「仏授記已」至
九四一 「入无餘涅槃」。賛曰：弟四現入涅槃。何故入滅，要於夜中[三]？於生死夜
九四二 證寂[四]静故，如《涅槃經》。經「仏滅度後」至「爲人演説」。賛曰：上來
九四三 合是受用大因，仏在宣揚。自下四因滅後行化，即分爲四，
九四四 此即攝取諸仏轉法輪因，論云「法輪不斷故」。經「日月燈明

校注

【一】「合」，國圖本作「舍」，《大正藏》作「舍」。【二】「藐」，「藐」之俗字，見於北魏至唐代的寫卷。唐《集王羲之聖教序·心經》行書亦用此形。【三】「夜中」，《大正藏》作「中夜」。【四】「寂」，國圖本作「宲」，字同。

佛八子至三廿揔頌曰第二義賢實如來法報國也能生佛
此處故以無量時復故教化令至賢國乃至入八地賢國乃至
不退義故不示如何今已等佛來入初地得四不壞淨名賢
國故羅長法王子至法等佛菩頌曰第三解意入國於
云彼法王子得大廿揔故修異以者勝財法得法佛者行道
言羅最勇道言羅險滯如得守等佛羅羅至宗以等佛
者名曰總持頌曰第四信忌國於云爲他復法利益他
故文不爲二一八子等佛二八百第子等佛此初也理義此文
分爲解意入國能以爲明等佛者爲故意入此羅八百第子
至故號求名頌曰六八百第子等佛者二一得國二淨國此初

仏八子」至「三菩提」。賛曰：弟二[一]善堅實如來法輪因也。論云：「仏烕度後无量時説，故教化[二]令其堅固，即入八地。」堅固乃是不退義故，不尔如何今已成仏？或入初地得四[三]不壞信名堅固故。經「是諸王子」至「皆成仏道」。賛曰：弟三[四]能進入因。論云：「彼諸王子得大菩提故，供養者脩財、法行，諸仏者所遇良緣，要遇良緣深脩妙行方成仏故。」經「其冣後成仏者名曰然燈」。賛曰：弟四[五]憶念因。論云「爲他説法利益他故」。文分爲二：一八子成仏，二八百弟子成仏。此初也。理應此文屬前能進入因[六]，但以別明成仏者名，故合入此[七]。經「八百弟子」至「故号求名」。賛曰：下八百弟子成仏。有二：一染因，二淨因。此初

校注

【一】「二」，《大正藏》作「三」。【二】「化」下，國圖本、《大正藏》皆有「之」。【三】「四」，國圖本、《大正藏》皆無。【四】「三」，《大正藏》作「四」。【五】「四」，《大正藏》作「五」。【六】「因」，國圖本無。【七】「故合入此」，國圖本作「合入故」。

也妙業不能為善教友是求名作良由是求名為求利
遠去為友不久便算指斷化生歡是人亦以是等善護敬
贊曰此明修因福值善植因遇長養三業修習諸佛
養可業承言等重隨護敬諸云種諸善根故云供因
彼法受之名羅隨勸書寫受持是也贊曰上喜讚曰
為菩薩六度今知有菩薩自身行護為因也彼云以文殊自身
文殊妙樂友此中有二一名人二名法此初也當證今見此瑞是
似行彼意贊曰此名法無得菩薩當證今時文殊法前至今
入佛為直贊曰八有卅三佛之為指陳即為菩薩當今知為不

也。妙[一]業不純，多[二]貪聲譽[三]，故号求名。論云：「汝号求名，示現[四]過去事故，不尔便成指斥[五]他失。」經「是人亦以」至「尊重讚歎」。賛曰：此明浄因。福、恵雙植，得遇良緣，三業脩習，財、法供養，身恭敬[六]，意尊重，語讚歎。論云「種諸善根，復示現得彼法具足故[七]」。經「弥勒當知」至「汝身是也」。賛曰：上委陳同事答，下[八]古今相即答。自身所經[九]事因也。論云「以文殊自身受勝妙樂故」。此中有二：一即人，二即法。此初也[一〇]。經「今見此瑞」至「仏所護念」。賛曰：此即法揔結答也。經「尔時文殊師利」至「令入仏智恵」。賛曰：下有卌三頌，頌前指陳別事答[一一]古今相即，不

校注

【一】「妙」上，國圖本、《大正藏》皆有「内」。【二】「多」上，國圖本、《大正藏》皆有「外」。【三】「譽」，國圖本作「舉」。【四】「現」下，國圖本、《大正藏》皆有「知」。【五】「斥」，唐本原作「生」，校改作「斥」；國圖本作「生」，《大正藏》作「斥」。【六】「恭敬」，國圖本作「業故」。【七】「故」，國圖本無。【八】「下」下，《大正藏》有「明」。【九】「經」，國圖本、《大正藏》皆作「逕」（音吃，走貌）。【一〇】「也」下，國圖本有「汝号求名者示現知過去事故又云種諸善根復示現得彼法具足」。【一一】「答」，國圖本、《大正藏》皆無。

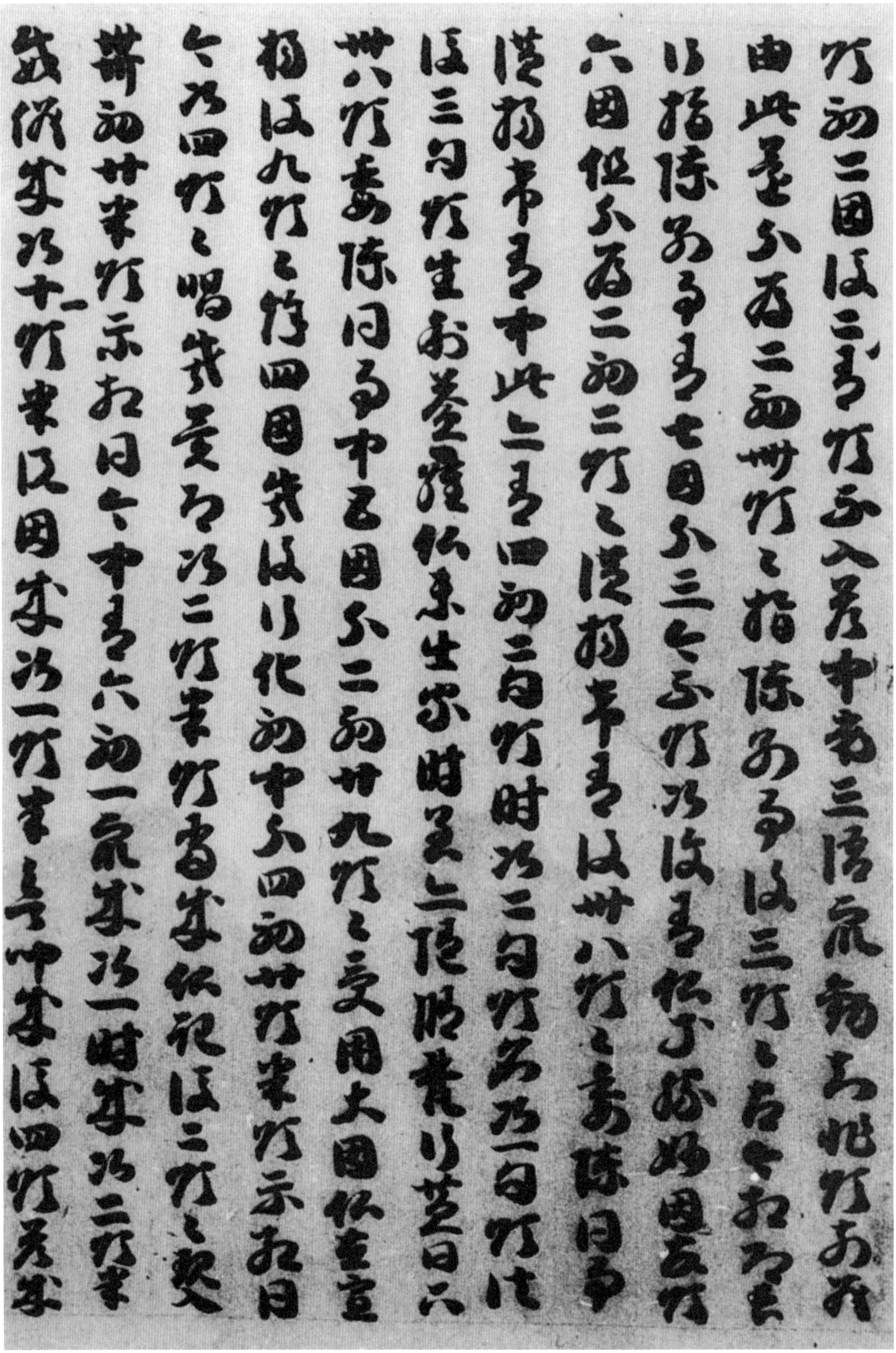

九六四 頌初二因，後有二[一]頌不入答中。弟三語衆勸知，非頌前義，
九六五 由此還分爲二：初卌頌頌指陳別事，後三頌頌古今相即。長
九六六 行指陳別事有七因分三，今不頌次復有仏等勝妙因，故頌
九六七 六因，但分爲二：初二頌頌讚揚希有，後卅八頌頌委陳同事。
九六八 讚揚希有中此亦有四：初二句頌時，次二句頌名，次一句頌法，
九六九 後三句頌生利益。經「仏未出家時」至「亦隨脩梵行」。賛曰：下
九七〇 卅八頌委陳同事中五因，分二：初廿九頌頌受用大因仏在宣
九七一 揚，後九頌頌餘四因威後行化。初中分四：初廿頌半頌示相同
九七二 今，次四頌頌唱威異即，次二頌半頌當成仏記，後二頌頌現入
九七三 涅槃。初廿半頌[二]示相同今，中有六：初一衆成，次一時成，次二頌半
九七四 威儀成，次十一[三]頌半說因成，次一頌半欲聞成，後四頌答成。

校注

【一】「有二」，唐本作「二有」，中有倒乙符。【二】「頌」，《大正藏》無。【三】「一」，唐本小字補，國圖本、《大正藏》皆無。

此初也上二句明在俗以二句明生家獲時佛以大乘爲
爲廣分別讃曰第二時等薩佛說此經已坐無量義處
讃曰六中第三事二明來說所等中事二一明入定一明冥及
事請世尊此初菩薩下雨華說法乃時大震動普
冥及衆生世尊也此中有事又入定雨華說法供養地動
而長行有法事天衆略不曰一切諸佛土即時大震動
意無壁日月燈明佛國震動非十方不有云爲此土不六
種震動故今此於燈佛國一切皆動化身放身六種非一可
言法佛放眉間光現百八千佛土讃曰六十明來及因
第三有二句放光二句照隣九明來如今所見是法佛土此
初二也菩薩示一切衆生生死業報處讃曰六九明來如今所見

九七五 此初也。上二句頌在俗，後二句頌出家。經「時仏説大乘」至「而
九七六 爲廣分別」。賛曰：弟二時成。經「仏説此經已」至[一]「名无量義處[二]」。
九七七 賛曰：下弟三有二頌半威[三]儀成，中有二：一頌入定，一頌半器及
九七八 有情世間。此初也。經「天雨曼陁花[四]」至「即時大震動」。賛曰：
九七九 器及衆生，世間也。此中合有五：入定、雨花、作樂、供養、地動，
九八〇 而[五]与長行前後有无廣略不同。「一切諸仏土即時大震動」
九八一 者，亦唯日月燈明仏國震動，非十方界，前云「而此世界六
九八二 種[六]震[七]動」故，今此然燈[八]仏國一切皆動，化身報身下位非一，可
九八三 言諸仏。經「仏放眉間光」至「万八千仏土」。賛曰：下十頌半説因
九八四 成，有三[九]：二句放光，二句照境，九頌半[一〇]如今所見是諸仏土。此
九八五 初二也。經「示一切衆生生死業報處」。賛曰：下九頌半如今所見，

校注

【一】「至」下，《大正藏》有「經」。【二】「處」，《大正藏》無。【三】「威」，國圖本作「成」。【四】「花」，國圖本、《大正藏》皆作「羅」。【五】「而」，國圖本、《大正藏》皆無。【六】「種」，《大正藏》無。【七】「震」，國圖本、《大正藏》皆作「振」。【八】「然燈」，國圖本、《大正藏》皆作「燈明」。【九】「有三」，唐本作「三有」，中有倒乙符。【一〇】「半」下，國圖本有「頌」。

中有五時初半時六部宗生三時只依一時中法一時只四宗
四時只并不入時先記說此初也受得行部報是業因行同
受反去受得是理業因感果業因感果業果長
理反去受得受得受果業果業之受得實發長只得依大惡
所由依光照莫日六三時只依不三一尺佛大一尺餘寒一匹尺
依此初也釋照光照得如金色日月燈明瑠璃所染色者
長為大宗說一兩金反堅金色流法圓備反種種之色手
影彰反梵云吠瑠璃渺云瑠璃毒種種之色所照也云凡
精上云凡表或云白珠訛云頗梨力私反為法云生石
山窟中過千年冰化為之西方暑熱大地無冰何物化

九八六 中有五[一]：初半頌六趣衆[二]生，三頌見仏，一頌聞法，一頌見四衆，
九八七 四頌見菩薩，不頌入[三]戚起塔。此初也。處謂所趣報，是業因所歸
九八八 處故。或處謂道理，善因感善果，惡因感惡果，有是
九八九 理故。或處謂處所，受善惡果之處所也。經「有見諸仏土」至
九九〇 「斯由仏光照」。賛曰：下三頌見仏分三：一見浄土，一見供養，一正見
九九一 仏。此初也。釋迦光照皆如金色，日月燈明瑠[四]璃頗梨色者，
九九二 欲顯大乘純一可重故唯金色，衆德圓備故種種色，㸦[五]
九九三 影彰故。梵云吠瑠璃，略云瑠璃，有種種色。頗胝迦云水
九九四 精，亦云水玉，或云白珠，訛云頗梨，〔梨〕[六]，力私反。《智度論》云：
「出山
九九五 石[七]窟中，過千年氷化爲之[八]。」西方暑熱土地无水，何物化

校注

【一】「五」下，唐本有「頌」，點刪。【二】「衆」，國圖本無。【三】「頌入」，唐本作「入頌」，中有倒乙符。【四】「瑠」，國圖本、《大正藏》皆作「琉」，字同。【五】「㸦」，《大正藏》作「互」，字同。【六】「梨」，唐本無，據國圖本、《大正藏》補。【七】「山石」，唐本作「石山」，中有倒乙符，國圖本、《大正藏》皆作「山石」。【八】「之」，《大正藏》作「頗梨」。

乃此經名受之法蓮及又法王人菩薩前法滿贊
曰此二頌中兩又六頌讚其佛乃以說法如淨瑠璃中真敷演
深法義贊曰此中法也以殺先日映世界映似此方處又如
瑠璃中現金像隨法法羅一之隨似出眾菩薩又彼大眾贊曰此
又四眾也羅或有諸比丘在彼法求似道贊曰此四頌又菩
種之因緣信解相貌行菩薩道唯頌信解亂攝行一頌勤
出家之類安家生家並同行菩薩行友言以立或精進意
通業出家是學未友動眾之一頌施忍言常施忍惟一頌
言為友一頌禪定一頌言真羅和附四都衆菩是手何國
緣贊曰第五之言中為如前長行云其信菩薩之言說法此二言
四頌手如那友前授發以此末發友羅王人行等為菩薩

爲[一]？此但石類，處處皆有。經「及見諸天人」至「端嚴皆[二]微妙」。贊曰：此二頌中初見八部供養，後見仏也。經「如浄瑠璃中」至「敷演深法義」。贊曰：此聞法也。仏放光自映，或衆映仏，此方遥見如瑠璃中現金像説法[三]。經「一一諸仏土」至「悉見彼大衆」。贊曰：此見四衆也[四]。經「或有諸比丘」至「説法求仏道」。贊曰：此四頌見菩薩種種因緣、信解、相貇[五]、行菩薩道，唯頌信解[六]，乱脩行故。一頌勤、戒，欲顯在家、出家並得行菩薩行，故言比丘，或稱菩薩，精進遍策，戒是學本，故初乩之。一頌施、忍，言等者，施、忍非一，類有多故。一頌禪定，一頌智恵。經「尒時四部衆」至「是事何因緣」。贊曰：弟五[七]欲聞成也。前[八]長行云「廿億菩薩樂欲聞法」，此言四部，互相顯故。前據發心，此未發[九]故。經「天人所奉尊」至「唯

校注

【一】「爲」，國圖本、《大正藏》作「焉」。【二】「皆」，國圖本、《大正藏》皆作「甚」。【三】「法」下，《大正藏》有「也」。【四】「也」，國圖本、《大正藏》皆無。【五】「貇」，《大正藏》作「貌」，字同。【六】「唯頌信解」，國圖本作「一頌唯解信」。【七】「弟五」上，《大正藏》有「下一頌半頌」。「弟五」下，國圖本有「頌」。【八】「前」，《大正藏》無。【九】「發」下，國圖本有「心」。

此頌經文贊曰六四行有六差異長行有四文此有二初二
行日後此經後二行時節短長勝文情陀告第大衆安
樂此初也讚邊也然也讚從空起說引衆生至世尊佐生
世尊真照書生時名世尊照經世尊說讚難爲甚嗟
說受持贊曰時節短長也經佛說是法華義當入於禪定
日上行示我曰今六四行六第二唱哉竟也不三二行唱哉一
行請勸行化一行大衆悲惱此初也化經說聽後唱今哉經
此一心精進無倦爲時一無邊贊曰此勸化精進爲生世之根
設苦爲生死之本理行所取後乎舊此信爲方無今
說日無邊爲所取者哉友經云清佛生世樂演說正法樂衆

一〇〇七 汝能證知」。賛曰：下四頌弟六答成。長行有四，此文[一]有二，初二
一〇〇八 頌因[二]說此經，後二頌時節短長，略无傳燈眷屬大衆安
一〇〇九 樂。此初也。適[三]，近也始也。纔從定起能引衆生至菩提位，出[四]
一〇一〇 世智恵照達真俗名世間眼。經「世尊既讃歎」至「悉皆
一〇一一 能受持」。賛曰：時節短長也。經「仏說是法花」至「當入於涅槃」。賛
一〇一二 曰：上頌示相同今[五]，下四頌下[六]弟二唱威異即。分三：二頌[七]唱威，一
一〇一三 頌[八]誡勸所化，一頌大衆悲惱。此初也。化緣既終，便唱今威。經
一〇一四 「汝一心精進」至「億劫時一遇」。賛曰：此[九]勸[一〇]化，精進爲出世之根，
一〇一五 放逸爲生死之本，理須脩斷，况乎薄伽[一一]億劫方遇，今
一〇一六 既得遇而不[一二]脩斷者哉！故經云諸仏出世[一三]樂、演說正法樂、衆

校注

【一】「此文」，唐本作「文此」，中有倒乙符。【二】「因」，唐本作「同」，據國圖本、《大正藏》改。【三】「適」，同「適」，國圖本作「過」。【四】「出」，唐本、國圖本皆作「生」，據《大正藏》改。【五】「上頌示相同今」，國圖本作「上頌瑞相同令」。【六】「下」，國圖本、《大正藏》皆作「頌」。【七】「頌」，國圖本無。【八】「頌」，國圖本無。【九】「此」下，《大正藏》有「誡」。【一〇】「勸」下，國圖本、《大正藏》皆有「所」。【一一】「薄伽」，國圖本、《大正藏》皆作「諸仏」。【一二】「不」，唐本小字補寫。【一三】「世」，國圖本、《大正藏》皆作「現」。

經和合示同明勇進示薩埵善導子等是佛世一同意
菩提曰大乘者梵也並自雲處乘生藏者友生者梵薩
靈主法之王是出於自當歸菩提曰六二行半有三當案佛
記者二行鷲自生當者當來佛可說授處示曰入我
受者示發後一行半正明受記此初菩薩是法藏菩薩身
亦發無量乘菩提曰此授記菩薩佛此處發發心為記元
量說菩提曰有二四行敘入其中初一行敘入其後一行又生云
堅精進菩薩是妙光法涅槃此宣法花薩菩提曰
上廿九行之文周大因佛並宣揚六是九行之的四因發後
以化不四初一行授記法佛讚法教因一行是果亦如來法
教因以一行敘進入因後六行授急因此初菩薩是法八王

一〇一七 僧[一]和合樂，同脩勇[二]進樂。經「世尊諸子等」至「仏威一何速」。
一〇一八 賛曰：大衆悲惱也。世間空虛、衆生福盡故生悲惱。經
一〇一九 「聖主法之王」至「汝等勿憂怖」。賛曰：下二頌半弟三當成仏
一〇二〇 記，有二：一頌勸勿生憂，有當來仏可依投故，示同入威
一〇二一 實常樂故；後一頌半[三]正明受[四]記。此初也。經「是德藏菩薩」至「
一〇二二 亦度无量衆」。賛曰：此授記也。經「仏此夜威度」至「而起无
一〇二三 量塔[五]」。賛曰：弟四二[六]頌現入涅槃中：初一頌現入涅槃，後一頌見失良
一〇二四 醫精進[七]藥道。經「是妙光法師」至「廣宣法花經」。賛曰：
一〇二五 上卄九頌頌受用大因仏在宣揚，下有九頌頌餘四因威後
一〇二六 行化，分四：初一頌攝取諸仏轉法輪因，一[八]頌善堅實如來法
一〇二七 輪因，次一[九]頌能進入因，後六頌憶念因。此初也。經「是諸八王

校注

【一】「衆僧」，《大正藏》作「僧衆」。【二】「勇」，國圖本作「精」。【三】「頌半」，國圖本作「半頌」。【四】「受」，國圖本、《大正藏》皆作「授」。【五】「而起无量塔」，國圖本作「已求无上道」，《大正藏》作「以求無上道」。【六】「四二」，唐本作「二四」，中有倒乙符。【七】「進」，國圖本、《大正藏》皆作「勤」。【八】「一」上，《大正藏》有「次」。【九】「次一」，國圖本作「一次」。

子是當見無數佛贊曰此有二若堅實如來法說因及法
小乘於三無數劫逆次逢勝觀然燈寶髻佛初釋迦牟
尼初劫初逢釋迦牟尼佛更逢七萬五千佛第二劫初逢
寶髻佛更逢七萬六千佛第三劫初逢然燈佛更逢七萬
七千佛第三劫滿百劫修相好業初逢勝觀佛即毗婆尸
由翹足讚底沙超於九劫所以經中但云言過去九十一劫
有毗婆尸佛又依大乘有四依菩薩事八恒河沙諸佛如
生得菩十六分於古年眼至有十地中令一無愛只言八恒
河沙是可有十地如生六言劫三言初為已恒有二劫逢六

子」至「當見无數仏」。賛曰：此弟二善堅實如來法輪因。若依小乘，於三无數刧，逆[一]次逢勝觀、然[二]燈、寶[三]髻仏，初釋迦牟尼初刧初逢釋迦牟尼仏，更逢七万五千仏。弟二刧初逢寶髻仏，更逢七万六千仏。弟三刧初逢然燈仏，更逢七万七千仏。弟三刧滿百刧脩相好業，初逢勝觀仏，即毗[四]婆尸[五]。由翹足讃歎底沙超於九刧，所以經中往往言過去九十一刧有毗婆尸仏。若依大乘，弟四依菩薩供養八恒河沙諸仏，始全[六]解涅槃十六分義。古來配在弟十地中，今[七]亦无[八]定，只言八恒河「沙」[九]，未[一〇]必即[一一]弟十地也。真帝[一二]釋言：「初刧遇五恒，弟二刧逢六

校注

【一】「逆」，《大正藏》作「逆」，字同。【二】「然」，《大正藏》作「燃」，古通。【三】「寶」，唐本作「實」，據《大正藏》改。國圖本作「寶」。一〇三一行首字同此。【四】「毗」，《大正藏》作「毘」，字同。【五】「尸」，唐本作「尼」，據國圖本、《大正藏》改。【六】「全」，國圖本作「金」，《大正藏》作「今」。【七】「今」，唐本小楷補。【八】「无」，國圖本、《大正藏》皆作「未」。【九】「沙」，唐本無，據《大正藏》補。【一〇】「未」，國圖本無，《大正藏》作「何」。【一一】「即」下，國圖本、《大正藏》皆有「是」。【一二】「帝」，國圖本、《大正藏》皆作「諦」。

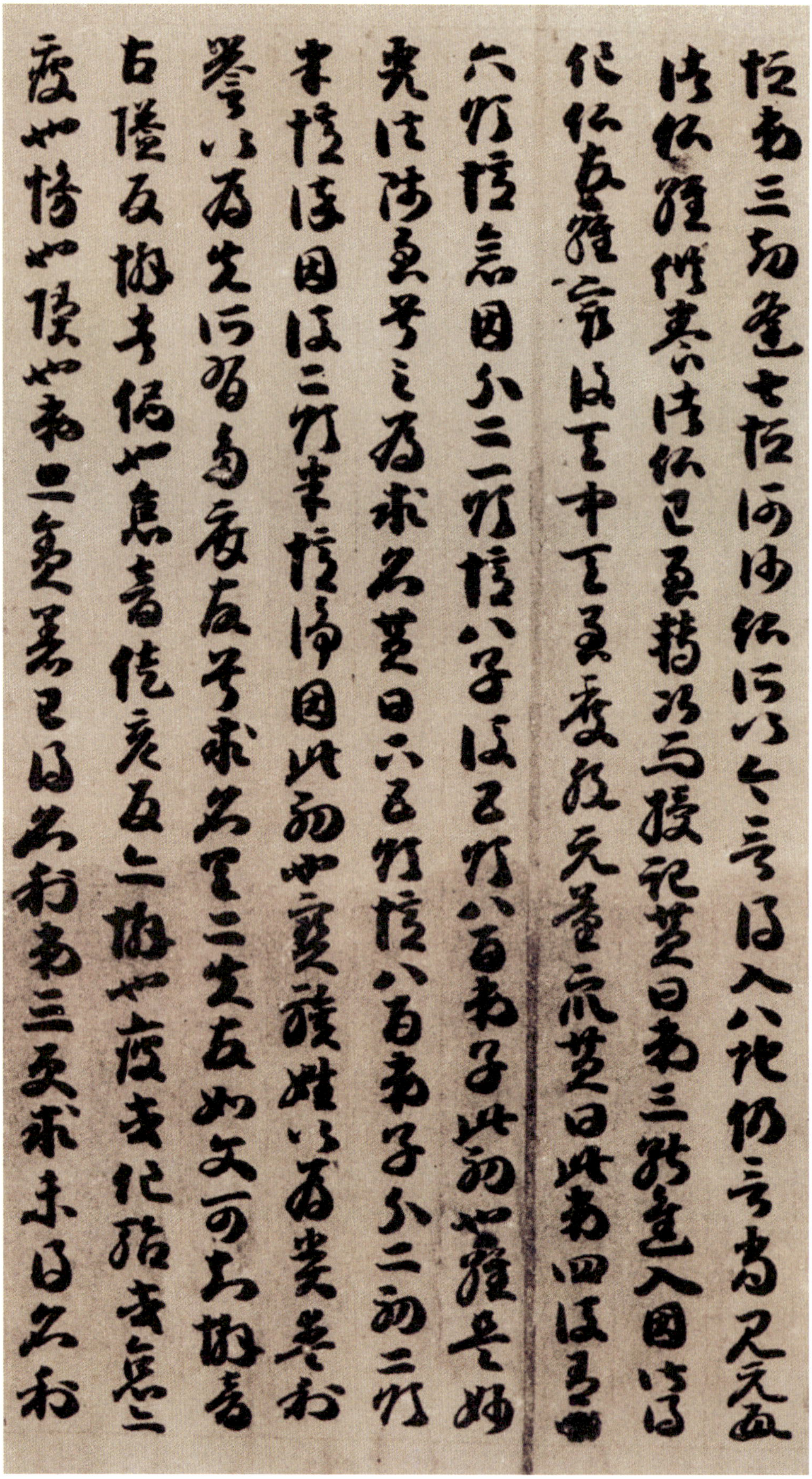

一〇三七

恒，弟三劫逢七恒河沙仏。」所以今言得入八地，仍言當見无數

一〇三八 諸仏。經「供養諸仏已」至「轉次而授記」。賛曰：弟[一]三能進入因，皆[二]得

一〇三九 作仏故。經「寂後天中天」至「度脱无量衆」。賛曰：此弟四。後有[三]

一〇四〇 六頌憶念因[四]，分二：一[五]頌憶八子，後五頌〔憶〕[六]八百弟子。此初也。經

「是妙

一〇四一 光法師」至「号之爲求名」。賛曰：下五頌憶[七]八百弟子，分二：初二頌

一〇四二 半[八]憶染因，後二頌半憶浄因。此初也。寳族姓[九]以爲貴，愛利

一〇四三 譽以爲先，所習多廢故号求名，具二[一〇]失故，如文可知。懈，音

一〇四四 古隘反，懈者[一一]倦也。怠，音徒亥反，亦懈也。疲[一二]，或作駘，或怠[一三]，亦

一〇四五 疲也，愓也墮[一四]也。弟二貪著已得名利[一五]，弟三更求未得名利。

校注

【一】「弟」上，國圖本、《大正藏》皆有「此」。【二】「皆」，《大正藏》作「後」。【三】「有」下，唐本塗去一字。【四】「因」下，國圖本有「等」。【五】「一」上，國圖本、《大正藏》有「初」。【六】「憶」，唐本無，據國圖本、《大正藏》補。【七】「憶」下，國圖本有「念」。【八】「半」及第二句「半」下，國圖本皆有「頌」。【九】「姓」，國圖本作「性」。【一〇】「二」，國圖本、《大正藏》皆作「六」。【一一】「懈者」，國圖本、《大正藏》皆作「懶也」。【一二】「懈也疲」，國圖本作「懈疲」，《大正藏》作「懈也疲也」。【一三】「或怠」，《大正藏》無。【一四】「堕」，國圖本作「隋」。【一五】「名利」，《大正藏》作「利名」。

旋者轉也周孔四闇而旋鄰之名爲旋也陀羅尼行亂罪業多

至成熟位菩薩曰轉淨因名二種子句陀淨子因得子句陀

淨二字陀羅尼說佛祕密教法名爲今解秘密無長菩薩曰上卌轉之指隨

第二事六三轉之名今如爲名三種一轉爲人作一轉名法依一轉

號者此種也陀羅尼見聽師佛是言法依法說陀羅尼菩薩曰此爲法陀羅

今如繁積名明有之如前菩薩曰此號第也教來答之覺名之

陀法集流又此已除生得即説此非音表法地言顯陀

除審友名教表明之如前陀羅法人之者是之現之求道

者菩薩曰上卌三轉之長行六之二轉大文分三陀羅尼號而除佛今

依事二種一轉明佛依法而並前生之苦意得法一轉明佛依

一〇四六 族者[一]，類也。《周礼》[二]「四閭爲族」，鄭玄「百家也」。經「亦行衆善
業」至
一〇四七 「其數无有量」。賛曰：頌浄因，有二：初五句憶浄五因，後五句憶
一〇四八 浄二果。經「彼仏威度後」至「今則我身是」。賛曰：上卌頌頌指陳
一〇四九 別事，下三頌頌古今相即。有三：初一頌即人，次一頌即法，後一頌
一〇五〇 結成。此初也。經「我見燈明仏」至「欲説法花經」。賛曰：此即法[三]。經
一〇五一 「今相如本瑞」至「助發實相義」。賛曰：此結成也。放光警覺、有
一〇五二 緣皆集，衆見此已深生渴仰，起此[四]神變表法非虚，顯證
一〇五三 深密，故名放光助實相義。經「諸人今當知」至[五]「充足求道[六]
一〇五四 者[七]」。賛曰：上卌三頌頌長行，下之二頌大文弟三語衆勸知陳仏今
一〇五五 説，有二：初一頌明仏説法雨道牙[八]生，令進善[九]也，後一頌明仏説

校注

【一】「者」，《大正藏》作「云」。【二】「礼」，《大正藏》作「禮」。【三】「法」下，國圖本有「也」。【四】「此」，國圖本作「於」。【五】「至」，國圖本無。【六】「道」上，《大正藏》有「佛」。【七】「者」，《大正藏》無。【八】「牙」，《大正藏》作「芽」。【九】「進善」，唐本作「善進」，中有倒乙符。

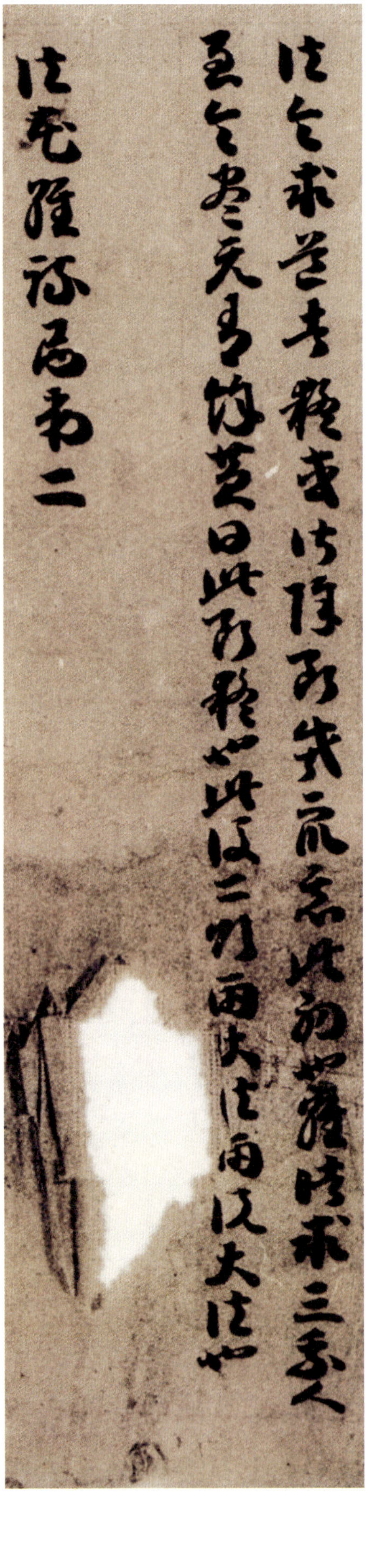
法令求道者疑或皆除斷戚衆惡此初也經諸求三乘人
至令盡无有餘賛曰此斷疑也此後二頌雨大法雨說大法也
法花經疏弓弟二

一〇五六 法令求道者疑或[一]皆除[二]斷戚衆惡。此初也。經「諸求三乘人」

一〇五七 至「令盡无有餘」。賛曰：此斷疑也。此後二頌雨大法雨，説大法也。

一〇五八 法花經疏弓弟二[三]

校注

【一】「或」，國圖本、《大正藏》皆作「惑」。【二】「除」下，國圖本有「表」。【三】國圖本作「法花經玄賛第二」，下一行有「開元五年四月十五日辰時寫了」。《大正藏》作「妙法蓮華經玄贊第二」，文末題記：「保安三年四月四日書了，法隆寺僧覺印之。同年十月廿二日移點了，興福寺圓如房本。法隆寺僧覺印爲令法久住爲之，以左點可爲指南云云。」

敦煌草書寫本《法華玄贊》概述

《法華玄贊》，全稱《妙法蓮華經玄贊》，是唐代法相宗僧人窺基所撰，對《法華經》進行注釋，在《法華經》注疏史上具有重要的地位，也成爲法相唯識宗的重要文獻。

一、《法華經》的成立與翻譯

《法華經》，全稱《妙法蓮華經》（Skt. Saddharma-puṇḍarīka, *Saddharma-puṇḍarīka-sūtra）。經文以一切衆生成佛爲主題，强調釋迦「久遠成佛」的新理念，宣説信仰《法華經》既能獲得巨大的現世利益，又能得以成佛。全經要旨在於説明三乘方便、一乘真實。經中自稱「經中之王」，此經在早期大乘佛教經典成立史中占有重要地位，並且因其豐富的譬喻故事，在東亞佛教傳統中廣受歡迎。

（一）《法華經》成立過程

此經起源很早，流傳特盛。據學者研究，早在公元紀元以前，出現了與比丘教團相對立的，以在家菩薩爲中心的菩薩教團。在西北印度産生了出於菩薩行的立場結集經典的運動。成立於二世紀至三世紀的《大智度論》中曾經多次引用《法華經》，四世紀的世親撰《妙法蓮華經憂波提舍》（簡稱《法華論》），對本經加以注釋。因此推測該經最古層的成立年代在公元一五〇年前後。

如果着眼於經文各品的異質性，多數學者認爲《法華經》的文本可以分爲新、古若干層次，經歷了階段性的擴增過程，一般認爲《方便品》中的一部分最先成立，此後的成立年次，學者提出各種方案。但也有學者考慮到經文各品次序和叙事場面的連續性，提出二十七品同時成立説。從文獻學的角度考察，經文中某品經歷擴增過程，或者單獨流布的實證迄今未發現，因此經文的階段性成立仍是一種假説。

《法華經》的梵文寫本，迄今已有發現於克什米爾、尼泊爾和中國新疆、西藏等地的數十種，克什米爾、新疆兩地所出本年代較早，爲五世紀至九世紀寫本，但其數量少而殘缺不全；尼泊爾、西藏兩地所出本年代較晚，爲十一世紀至十九世紀寫本，其數量和完整程度都較前者爲佳。

（二）《法華經》的漢譯本

《法華經》有六個漢譯本，大藏經中收録有三種，分别是：西晉太康七年（二八六），竺法護譯《正法華經》十卷二十七品；後秦弘始八年（四〇六），鳩摩羅什譯《妙法蓮華經》七卷二十七品；隋仁壽元年（六〇一），闍那崛多、達摩笈多重勘梵本，補訂什譯，名爲《添品妙法蓮華經》，七卷二十八品。

在漢傳系統中，以鳩摩羅什譯本最爲流行。羅什的翻譯「曲從方言，而趣不乖本」[一]，既照顧了漢語表達的優美流暢，又能盡量忠實於原作的意義，因此後代雖有新譯，仍然難以取代，歷代注家的注釋也絶大多

〔一〕慧觀：《法華宗要序》，蘇晉仁、蕭煉子點校《出三藏記集》卷八，中華書局，一九九五，第三〇六頁。

數是對羅什譯本的解釋。

羅什譯本缺《提婆達多品》，《普門品》中無重誦偈。後人將南齊法獻、達摩摩提從于闐得到的《提婆達多品》第十二和闍那崛多譯《普門品偈》補入，又將玄奘譯《藥王菩薩咒》編入，形成現行流通本的内容。

（三）《法華經》的主要内容

今以羅什譯本現行流通的形態爲依據，逐次介紹各品大意。天台智顗將全經二十八品均分爲兩部分，分别稱爲迹門和本門，後代多從其説。

《序品》第一，是全經總序，也是迹門之序説。該品叙述世尊在耆闍崛山説《無量義經》後，入無量義處三昧，現出諸般祥瑞。彌勒代表聽講大衆向文殊菩薩問此祥瑞之因緣。文殊言此乃佛陀將説《法華經》之時。

《方便品》第二是全經的中心，與下文《如來壽量品》分别是經文的兩大教義重點。佛從三昧而起，諭舍利弗「諸佛智慧甚深無量，其智慧門難解難入，一切聲聞、辟支佛所不能知」。又説：「佛所成就第一希有難解之法。唯佛與佛乃能究盡諸法實相，所謂諸法如是相，如是性，如是體，如是力，如是作，如是因，如是緣，如是果，如是報，如是本末究竟等。」即所謂「十如是」。在舍利弗三請之下，道出假説三乘之教爲方便，佛法唯有一乘之旨。以上兩品，爲上根直接宣説諸法實相，稱爲「法説周」。

《譬喻品》第三，代表上根智慧第一的聲聞弟子舍利弗昔日受世尊小乘法教化，而未如諸菩薩被許以成佛，因而獨處山林樹下修習，至此方悟一佛乘之旨，斷諸疑悔，心大歡喜。釋迦授記舍利弗未來世成佛，號華光如來。釋迦又爲一千二百阿羅漢以著名的「火宅喻」説明三乘方便、一乘真實的宗旨。有大富長者邸宅因朽四面火起。諸子却在宅中嬉戲，渾然不覺。長者爲了誘使諸子逃出火宅，告以門外停放了鹿車、羊車、牛車。諸子逃出以後，尋問三車，長者則給予一大車，駕以白牛。火宅顯然喻指迷妄的世界，三車是應對不同根機的三乘教説，大白牛車則指一乘教説。所謂「初説三乘引導衆生，然後但以大乘而度脱之」。至於三乘教説中的菩薩乘，與一佛乘是一是二，换言之，三車之喻中的牛車，與出火宅後的大白牛車是一是二，諸家解釋異見紛紜，由此有所謂「三車家」「四車家」之别。

《信解品》第四，代表中根的須菩提、迦旃延、摩訶迦葉、目犍連四大聲聞，昔日不樂大乘佛法，今見聲聞弟子舍利弗得授記作佛，遂領解佛意。因此對佛説「長者窮子」之喻，將佛喻爲大慈悲的長者，把三乘之人譬喻爲窮子，窮子見佛威勢，惶怖奔逃，長者衹得着粗弊之衣，徐徐接近，最終將家財寶藏盡付其子。導出「於一乘道，隨宜説三」的結論。

《藥草喻品》第五，釋迦對摩訶迦葉等聲聞弟子説「三草二木喻」，説明衆生根機有别，隨其所堪而爲説法的道理。

《授記品》第六，承接上品「汝等所行，是菩薩道」的宗旨，中根聲聞摩訶迦葉、須菩提、迦旃延、目犍連得授記成佛。菩薩得授記成佛在大乘經典中屢見不鮮，聲聞成佛則是本經特色。

第三至六品爲中根聲聞弟子説法，稱爲「譬説周」，其中運用譬喻最爲豐富生動。

自《化城喻品》第七開始，説法對象是下根聲聞。第七品講述大通智勝如來十六王子聽《法華經》而成佛的宿世因緣。次説「化城喻」，三乘之果不外是化城，引入佛慧，最終成佛。

《五百弟子受記品》第八，下根聲聞富樓那、憍陳如及五百弟子阿羅漢皆得授記成佛。

《授學無學人記品》第九，下根聲聞阿難、羅睺羅及學無學二千人也提出希望得到世尊的授記，佛皆許之，並説「貧人寶珠喻」。

第七、八、九三品爲下根聲聞弟子説法，稱爲「因緣説周」。至此迹門爲聲聞弟子説法、授記的正宗分結束。

《法師品》第十，佛告藥王菩薩於佛涅槃後修行、受持、讀誦、解説、書寫等「五種法師」的修行，以及十種供養功德。

《見寶塔品》第十一，七寶佛塔從地涌出，止於空中，多寶佛從中出現，贊歎釋迦説《法華經》真實不虛。世尊召集十方世界的分身，三次浄化國土，入多寶塔中，多寶佛與釋迦佛並坐説法。

《提婆達多品》第十二，前半説提婆達多蒙佛授記，後半説文殊入龍宫宣揚《法華經》，八歲的龍女獻珠成佛。

《勸持品》第十三，藥王、大樂説等菩薩大衆誓願弘揚《法華經》，比丘尼聲聞衆摩訶波闍波提、耶輸陀羅等皆得授記成佛。

《安樂行品》第十四説佛滅後之惡世，菩薩弘揚《法華經》，應當安住四法，即身、口、意、誓願四安樂行。最後運用髻中明珠的譬喻，宣説此理。

第十至十四品，爲迹門之流通分。

《從地涌出品》第十五，娑婆世界弘揚本經的衆多菩薩及其眷屬從地涌出，向多寶佛、釋迦如來禮拜，爲佛開顯「久遠實成」佛果之序曲。

《如來壽量品》第十六爲全經眼目。世尊應彌勒請問，爲説久遠劫來早已成佛，但爲教化衆生，示現滅度。實則佛身久遠常住，壽命無量。

《分别功德品》第十七説當時與會大衆聞佛壽長遠受益之功德，詳細解説了弘揚此經的五品功德。

《隨喜功德品》第十八承接上一品，佛對彌勒詳説隨喜聽受《法華經》的種種功德。

《法師功德品》第十九，佛對常精進菩薩詳説受持、讀誦《法華經》的「五種法師」功德。

《常不輕菩薩品》第二十以常不輕菩薩禮敬衆生的菩薩行，宣説受持、解説《法華經》的功德。

《如來神力品》第二十一叙述世尊囑咐從地涌出的諸大菩薩於如來滅後，弘揚《法華經》。

《囑累品》第二十二承接上一品主題，世尊三摩諸大菩薩頂，囑咐受持和廣宣此經。諸佛分身回歸國土，多寶佛關閉佛塔歸去。

從《見寶塔品》至此品，聽衆住於虚空，稱爲「虚空會」。前後兩段，世尊在耆闍崛山説法，則稱爲「靈鷲山會」。

《藥王菩薩本事品》第二十三，世尊舉出藥王菩薩過去世爲一切衆生喜見菩薩，曾於日月浄明德佛前聽《法華經》，爲答此恩燒身供養的因緣。

《妙音菩薩品》第二十四，妙音菩薩禮拜釋迦、多寶佛塔，世尊説妙音菩薩過去世供養雲雷音王佛之事。

《觀世音菩薩普門品》第二十五，世尊解説觀世音的名號因緣、稱名作用，以及十四種無畏、三十二應化身等諸功德。此品常被抄出單行，稱《觀世音經》或《普門品經》，是宣説觀世音信仰的重要經典。

《陀羅尼品》第二十六，藥王、勇施菩薩等各自説咒護持受持、講説《法華經》者。

《妙莊嚴王本事品》第二十七講述妙莊嚴王於過去世爲其二子浄藏、浄眼菩薩所化之因緣。

《普賢菩薩勸發品》第二十八，普賢菩薩聞説《法華經》，誓願於惡世乘六牙白象守護奉持此經者。

全經思想内涵極爲豐富，與般若空觀、浄土思想、佛性思想相涉，可視爲大乘佛教教理的集大成者，文體多使用詩歌，又廣泛運用譬喻、象徵等修辭手法，形象生動，因此對東亞佛教傳統産生了深遠影響。

（四）地位和影響

羅什譯本《法華經》甫一問世，即有弟子對該經撰寫注釋，例如慧觀所作《法華宗要》，今僅存序文，收録於《出三藏記集》。五世紀中葉，劉宋竺道生撰《法華經疏》二卷，是爲今存最早的《法華經》注釋書。六世紀初，梁代三大師之一的法雲撰《法華義記》八卷。陳隋之際智顗依據此經創立天台宗，後世尊爲天台三大部的《法華玄義》《法華文句》《摩訶止觀》，前兩部都是對《法華經》的解釋。隋唐以降歷代高僧大德，對《法華經》的注釋更是汗牛充棟，綿延不絕。

在日本，六世紀聖德太子撰《法華義疏》。九世紀初，傳教大師最澄依托此經創立題本天台宗。十三世紀，日蓮專奉此經與經題立日蓮宗。《法華經》有「諸經之王」的稱號。

二、《法華玄贊》的撰寫

（一）作者窺基

《法華玄贊》的撰者窺基，是唐代高僧玄奘弟子，與玄奘共同創立了法相唯識宗。其後半生多在長安大慈恩寺弘法，最終圓寂於此，人稱「慈恩大師」。

《宋高僧傳》記載，窺基俗姓尉遲，唐初名將尉遲敬德之從子。因其出身將門，關於窺基出家的經歷，有「三車自隨」的傳説。傳説玄奘遇之於陌上，見其眉目俊朗，造訪其宅，勸其剃髮出家。窺基提出三個條件，特許「不斷情欲、葷血，過中食」乃可。於是以三車自隨，「前乘經論箱帙，中乘自御，後乘家妓女僕食饌」。此説荒誕不經，贊寧已指出其謬，並引窺基自序云「九歲丁艱，漸疏浮俗」，認爲「三車之説，乃厚誣也」。這段窺基自己的回憶出自《成唯識論掌中樞要》：「基夙運單舛，九歲丁艱。自爾志託煙霞，加每庶幾緇服，浮俗塵賞，幼絶情分。至年十七，遂預緇林。」〔一〕具有相當的可信性。而關輔流傳的「三車和尚」之稱謂，吕澂先生推測或許由於窺基對《法華經》「三車之喻」的解釋與天台宗僧人有異，因而獲得此誣蔑性稱呼。〔二〕

窺基出家以後，入大慈恩寺從玄奘學五天竺語。年二十五，應詔譯經。此外，「講通大小乘教三十餘本……造疏計可百本」，因此有「百本疏主」的美譽。玄奘傳授《唯識論》《瑜伽師地論》於窺基、圓測，窺基耻其不逮，又得玄奘單獨傳授陳那因明學，史稱「大善三支，縱横立破，述義命章，前無與比」。

麟德元年（六六四），玄奘圓寂，翻譯和講述事業遂告終。約當此時，窺基開始東行巡禮五臺山及太行山以東地區。數年之後，窺基返回長安慈恩本寺。本傳記載他屢次參謁道宣，案道宣卒於乾封二年（六六七）十月，則窺基旋返的時間當早於是年。永淳元年（六八二）十一月十三日，圓寂於大慈恩寺翻經院，時

〔一〕《成唯識論掌中樞要》，《大正藏》第四三册，第六〇八頁中欄。

〔二〕吕澂：《中國佛學源流略講》，中華書局，二〇一一，第三四四頁。

年五十一。葬於樊村北渠，與玄奘塔毗鄰，即今西安市南郊護國興教寺。

贊寧在傳記的末尾指出窺基「名諱上字多出没不同」，在早期的自撰作品及碑銘中，一律稱「基」，或因玄奘在曲女城大會辯論得勝，有「大乘天」之譽，慈恩弟子多冠以「大乘」之號，乃稱「大乘基」。「窺基」之名，首見於《開元釋教録》。「窺基」一名的由來，日本學者佐伯良謙和中國學者何歡歡認爲「窺」字是出於宋人避諱而使用的代字[一]，可稱爲「避諱説」。日本學者渡辺隆生和中國學者楊祖榮則主張「窺」字本爲大慈恩寺另一僧人的法號，見於日本法隆寺藏龍朔二年（六六二）《大般若經》卷三四八末尾的「譯場列位」、日本藥師寺金堂所供養《大般若經》卷二八〇唐寫經、唐寫本《寺沙門玄奘上表記》所收《請御制大般若經序表》等文獻[二]，可稱爲「人物説」。結合文獻的記載來看，似乎後説比較有説服力，姑從其説。

（二）《法華玄贊》的撰寫過程

關於《法華玄贊》的撰寫過程，窺基在該書末尾自云：

〔一〕佐伯良謙『慈恩大師伝』，京都：山城屋文政堂，一九二五，第一七—二四頁。何歡歡：《是誰弄錯了「窺基」的名字？》，《東方早報·上海書評》二〇一五年十二月二十日。

〔二〕渡辺隆生「慈恩大師の伝記資料と教學史的概要」，興福寺·薬師寺編『慈恩大師御影聚英』，京都：法藏館，一九八二。參見楊祖榮《〈説無垢稱經疏〉的作者、版本與文體》（待刊）的相關綜述。

基以談遊之際，徒次博陵，道俗課虛，命講斯典，不能脩諸故義，遂乃自纂新文。夕制朝談，講終疏畢，所嗟學寡識淺、理編詞殫，經義深賾，拙成光讚，兢兢依於聖教，慓慓採於玄宗，猶恐旨謬言疎，寧輒枉爲援據。此經當途最要，人誰不贊幽文？既不能默爾無爲，聊且用申狂簡。識達君子，幸爲余詳略焉。〔一〕

博陵隸屬定州，位於太行山以東，今河北省定州市附近。據前文所考，《法華玄贊》的成書年代，當在窺基東巡的六六四年至六六七年之間。所謂「不能脩諸故義，遂乃自纂新文」，語氣頗爲自謙。今觀《法華玄贊》文中較多引用了世親之《法華論》、劉虬《注法華經》等，窺基除了博聞强識，應該也參考了當地寺院中的藏書。

（三）《法華玄贊》的特徵與流傳

從引用文獻來看，窺基對《法華經》的解釋，所用經本很可能是隋譯本，根本立場是援引世親所作《法華論》，除此之外，還引用了《瑜伽師地論》《攝大乘論》《阿毗達磨集論》《辨中邊論》《金剛般若論》《大智度論》《成唯識論》《俱舍論》等以唯識學爲主的論書，特别是在解釋佛教名相時，暗引《瑜伽師地論》之

〔一〕《法華玄贊》卷十，《大正藏》第三四册，第八五四頁上欄。

處甚多。涉及菩薩戒的解説，也援引了《善戒經》《地持論》等六朝舊譯。引用經文還包括《涅槃經》《勝鬘經》《大般若經》《解深密經》《華嚴經》《楞伽經》《維摩詰經》等。

窺基注釋的一大特色在於廣泛徵引《爾雅》《廣雅》《説文》《切韻》《玉篇》《通俗文》等唐前字書，對漢譯佛典的世俗名物加以辨析和解説，因此也具有漢語史和博物學的意義。〔一〕

本書有藏文譯本，題爲《妙法蓮華注》，收録於藏文大藏經中。此外，漢地尚有慧沼撰《法華玄贊義決》一卷、智周撰《法華玄贊攝釋》四卷、藏諸撰《法華經玄贊決擇記》八卷、栖復撰《法華玄贊要集》以及本叢書所收敦煌本《法華玄贊》的釋抄等注釋書引申發揮《玄贊》的義理，天台宗方面也有《法華五百問論》對《玄贊》的觀點加以破斥。

三、《法華玄贊》的結構與思想

窺基對《妙法蓮華經》的注疏，鮮明地反映了法相唯識宗的解經立場，同時廣引外書，代表當時佛教

〔一〕對《法華玄贊》引書特色的分析，參見勝呂信静「窺基の法華玄贊における法華経解釈」，坂本勝男編『法華經の中國的展開』，京都：平楽寺書店，第三四三—三七二頁。

思想的發展水平和傳播情況，這些文獻所體現的思想與時代特色，是研究佛教解經學、中古思想史的重要材料。

《法華玄贊》由法相唯識學之立場解釋《法華經》，批判智顗、吉藏的學説。從來闡釋《法華經》，多主一乘真實三乘方便之説，窺基則持一乘方便三乘真實之立場。内容首先叙述《法華經》興起之因，其次闡明經之宗旨，解釋經品之得名，以彰顯經品之廢立、經品之次第，依次再解釋經之本文。

解釋經之本文，每品以三門分别。其一，來意：闡明一品的要旨，以及與前文的邏輯關係。其二，釋名：解釋經題中的名相、語詞。其三，解妨難：回應可能的疑難。在經文的具體解釋中，窺基主張會二歸一，認爲唯識學派所主張的五姓各别説中，《法華經》所説一切衆生皆可成佛之説，是對不定種姓的退菩提心聲聞和不定種姓獨覺的方便説法。〔一〕

《大正藏》所收《法華玄贊》十卷，卷内復分爲本、末兩部分，敦煌本卷内不再細分。今依《大正藏》本卷次，對隨文解釋各品做對照表如後：

〔一〕對本書内容的解説，參見周叔迦《釋家藝文提要》，北京古籍出版社，二〇〇四，第三五二—三五四頁。黄國清：《〈妙法蓮華經玄贊〉研究》，臺灣「中央」大學博士學位論文，二〇〇五。

編號	品名	卷次
一	序品	卷一末
		卷二本
		卷二末
二	方便品	卷三本
		卷三末
		卷四本
		卷四末
三	譬喻品	卷五本
		卷五末
		卷六本
四	信解品	卷六末
五	藥草喻品	卷七本
六	授記品	
七	化城喻品	卷七末
八	五百弟子受記品	卷八本
九	授學無學人記品	
一〇	法師品	卷八末
一一	見寶塔品	
一二	提婆達多品	卷九本
一三	勸持品	
一四	安樂行品	
一五	從地涌出品	卷九末
一六	如來壽量品	
一七	分別功德品	
一八	隨喜功德品	卷十本
一九	法師品德品	
二〇	常不輕菩薩品	
二一	如來神力品	
二二	囑累品	卷十本
二三	藥王菩薩本事品	
二四	妙音菩薩品	卷十末
二五	觀世音菩薩普門品	
二六	陀羅尼品	
二七	妙莊嚴王本事品	
二八	普賢菩薩勸發品	

可以明顯看出，窺基解釋《法華經》，重點是開頭的《序品》、《方便品》，後面諸品的解釋則比較簡略。以下簡要介紹卷二的思想。

本卷解釋《法華經·序品》的後半。

接續上一品七成就中「衆成就」第二的第五門「依論解」，分別解釋十五衆中的第五聖德難思衆至第十五人王衆。下文明威儀，對聽法大衆以供佛威儀再做劃分。

此下釋「如來欲説法時至成就」第三，對應經文「爲諸菩薩……佛所護念」，分爲依人、依利、依法三義。在這一段落中，又對《無量義經》中此經十七種題名，特别是第十六「妙法蓮華」依據《法華論》闡釋了出水義、華開義。「所依説法隨順威儀住成就」第四，對應經文「佛説此經已……一心觀佛」，分爲依止三昧成就，依器世間成就，依衆生世間成就三層。「依止説因成就」第五，對應經文「爾時佛放眉間白豪相光……起七寶塔」，分爲放光、照境、所見三層。

「大衆現前欲聞法成就」第六，對應經文「爾時彌勒……爲説何等」。分爲彌勒示相懷疑、衆人實生心惑、慈氏雙申兩意三層。第三層又分爲長行與偈頌兩部分，疏主按照上文對長行部分的科段，對偈頌進行了分節。

「文殊師利答成就」第七，對應經文「爾時文殊」至本品末尾。分爲標名總告，正答所徵，最後是頌語。所謂「徵」是責難之意，義疏學中常用術語。在這個部分，疏主又依據《法華論》，科分爲第一現見大義因，第二現見世間文字章句甚深意因，第三現見希有因，第四現見勝妙因，第五現見受用大因，第六現見攝取諸佛轉法輪因，第七現見善堅實如來法輪因，第八現見能進入因，第九現見憶念因，第十現見自身所徑事因等十個層次。

四、《法華玄贊》敦煌寫本的價值

（一）《法華玄贊》的敦煌寫本

《法華玄贊》全書十卷，中國歷代藏經祇有趙城金藏收録卷一大部分，卷三、四全卷。〔一〕《大正藏》所收本（經號一七二三）底本是日本奈良興福寺本，校勘本是正倉院聖語藏本、法隆寺本和中村不折藏本。〔二〕

敦煌遺書中的寫本殘卷，據《大正藏·敦煌出土佛典對照目録》和本次整理調查，一共三十四號〔三〕：

（一）伯三八三二，行草書，首全尾殘，存一千一百四十三行，起卷一首，迄同卷「此舍利弗舅（氏）」。

〔一〕《宋藏遺珍》第四册，新文豐出版公司，一九七八，第二一三八—二一六六頁。

〔二〕《妙法蓮華經玄贊》卷一校勘記，《大正藏》第三四册，第六五一頁上欄。

〔三〕国際仏教学大学院大学附属図書館『大正蔵·敦煌出土仏典対照目録（暫定第三版）』，二〇一五，第二三四頁。收入本書的草書寫卷行數，依整理者實際計算所得。書道博物館收録的圖版不全，無法確定行數，僅標示起訖文字。

【本叢書所收玄贊卷一】

（二）國圖一一四六八，楷書，首尾均殘，存三行，起卷一「六釋經之本文」，迄同卷「三酬求因」。

（三）斯二四六五，行草書，首尾均殘，存四百八十四行，起卷一「甚深云佛曾親近」，迄同卷「譬喻品初寄」。

（四）俄一〇六〇，行楷書，首尾均殘，存十五行，起卷一「天授品云」，迄同卷「故爲往時，常（持此經）」。

（五）斯六四七四，行草書，首尾均殘，存八百七十六行，起卷一「（於一佛乘分）別説三」，迄同卷「言等者以阿羅漢」。

（六）國圖四七六六，行楷書，首尾均殘，存一百一十九行，起卷一「悉皆有心，凡有心者」，迄同卷「（斯有由）矣，准此理（應法四）」。

（七）國圖一〇二二八，行楷書，首尾均殘，存五行，起卷一「（故）稱爲妙」，迄同卷「今此會中理實唯一，佛（所得）」。

（八）伯四八一八，楷書，首尾均殘，每行後半殘缺，存十一行，起卷一「（依戒）而行，依四念處」，迄同卷「起三妙觀」。

（九）國圖一一五七九，楷書，首尾均殘，存四行，起卷一「（要）聞熏習」，迄同卷「（大）定、智、悲，久離（戲論）」。

（一〇）國圖一二〇五八，行書，首尾均殘，存十一行，起卷一「（佛唯）有三法，謂大（定）」迄同卷「是佛（利他）」。

（一一）國圖一二〇五七，行書，首尾均殘，存七行，起卷一「名無（戲論）」，迄同卷「謂如是法，我從（佛聞）」。

（一二）國圖一二〇五六，行書，首尾均殘，存七行，起卷一「意避增（減）」，迄同卷「法王啓化（機器）」。

（一三）國圖三五四三，行楷書，首尾均殘，存二百三十四行，起卷一「（機器）咸集，説聽（事訖）」，迄同卷「此漏非一，故（名爲諸）」。

（一四）國圖三五四八，草書，首尾均殘，存一百三十八行，起卷一「（此漏非一，故名）爲諸，然依瑜伽」，迄同卷「正法花云，上時、象、江三迦（葉）」。

（一五）伯四七九七，楷書，首尾均殘，每行前半殘缺，存五行，起卷二「退，説福名不轉」，迄同卷「螳螂拒轍，輪能催」。

（一六）國圖一四五四六，草書，首殘尾全，存九百四十二行，起卷二「（輪能摧）之，聖（道在心）」，迄同卷末，有「開元五年四月十五日辰時寫了」尾題。

（一七）國圖九六八，行書，首殘尾全，存一千一百六十四行，起卷二「第八地名（決定地）」，迄同卷末。

（一八）新一三八〇六五，故宫博物院藏本。草書，首尾均殘，存五百四十六行。起卷二「或此同前歌神音曲」，迄同卷「意樂及事」。本次整理發現，與上博一二可以綴合，故一並校録收入。【本叢書所收玄贊卷二】

（一九）上博一二，上海博物館原藏，草書，首殘尾全，存五百一十二行。起卷二「業巧便向」，迄同卷末。惜原件今已難以找尋。【本叢書所收玄贊卷二】

（二〇）書道博物館一〇〇號，草書，首尾俱全，爲卷四全部。

（二一）國圖六四三九，行書，首尾均殘，存二百一十七行，起卷四「教理行果，爲今大因」，迄同卷「尸羅不（清浄）」。

（二二）國圖一一二，行楷書，首殘尾全，存七百一十二行，起卷四「（法障）也。宿造遺法業」，迄同卷末。

（二三）伯四九一〇，行草書，首尾均殘，存二十三行，起卷五「（稽）留，故性雖捷利」，迄同卷「此釋之文中有三，一問，二答」。

（二四）新一三七三六八，故宫博物院藏本，存二百四十三行，起卷五「佛唯讚菩薩」，迄同卷「讚

（證）於無上道。贊曰此頌」。【本書叢所收玄贊卷五】

（二五）國圖一二〇三一，草書，首尾均殘，存六行，起卷六「第二有卌二（頌）」，迄同卷「七句明三界」。

（二六）伯二一七六，草書，首殘尾全，存一千二百八十五行，起卷六「況能信解，修諸善法」，迄同卷末。【本叢書所收玄贊卷六】

（二七）上博附〇三，上海博物館藏，草書，首殘尾全，存六十五行，起卷六「初文有五，第一合初發心」，迄同卷末。【本叢書所收玄贊卷六】

（二八）書道博物館七九號，草書，首殘尾全，起卷七「（我）無此物」，迄同卷末。

（二九）斯一五八九，楷書，首尾皆殘，存一百二十一行，起卷七「（或）破四有，謂生有、死（有）、中有、本有」，迄同卷「後二頌法喻合説，滋茂因異」。

（三〇）書道博物館一〇一號，草書，首殘尾全，起卷八「多皆退性」，迄同卷末。

（三一）中文一四四，未見，情況不詳。

（三二）中文一四五，未見，情況不詳。

（三三）國圖一四七一〇，草書，首尾均殘，存一千〇九行，起卷十「故以爲名，二如是等結」，迄同卷末，卷首有向燊等題跋。【本叢書所收玄贊卷十】

（三四）國圖一二一二三，楷書，首尾均殘，存十六行，起卷十「（莫）使他知；設令（他知）」，迄同卷「天親菩薩釋伽（耶山頂經）」。

（二）卷二草書寫本的書法特色

敦煌草書發現之前，人們談及唐代草書，主要指孫過庭《書譜》，賀知章書《孝經》，懷素《自敘》、所書《千字文》及《論書帖》等，此外則鮮見鴻篇，傳世唐人草書不足以呈現唐代書藝的輝煌。近人馬宗霍《書林藻鑑》曰：「然唐無章草。」

到底唐代有無章草傳世呢？答案爲有，而且數量驚人！此次「敦煌草書寫本識粹」，向大家展示了令人矚目的草書寶藏。

上博一二，一九九三年上海古籍出版社以縮印本全卷黑白影印於《上海博物館藏敦煌吐魯番文獻》第一册中，其第二册附有説明如左：

上博一二（三三〇三）法華經疏卷第二。卷幅八百〇五點六釐米乘二十九釐米，二十紙。卷首缺，尾稍殘。白麻紙，紙色上半截淺黄。下半截深黄。全卷下半截有水漬印。卷心高二十五釐米，天頭、地脚各二釐米。每紙二十六行，每行二十至二十三字不等。烏絲欄。字體草，墨色濃勻。每段被釋經文前均有朱點區别。第十一紙中有三行似爲另一人所寫。卷尾題：「法華經疏卷第二」。卷背有硃色雜寫四行。包卷紙題：「唐人寫法華經卷第二卷」。〔一〕

釋校此卷計五百一十二行，存字一萬個左右。爲了充分釋校此卷，我們不但參考《大正藏》，而且與國圖藏敦煌本一四五四六號行草書《妙法蓮華經玄贊》卷第二逐字對照，明其異同，以增情趣，以廣見聞。

二〇二一年四月二日，收到故宫博物院藏編號新一三八〇六五高清彩版，計草書五百四十六行。展卷觀之，温柔敦厚又靈活怡人的書卷氣撲面而來，感到似曾相識。辨之，發現其與上博一二《法華玄贊》卷二和上博六〇《百法述》（存九十六行）之草書，誠爲一家眷屬。雖然昔時「藏在深宫人未識」，但一經面世，古雅端莊之光彩，令人過目難忘。經比對，此卷果然是唐人草書《法華玄贊》卷二，並非卷五；更可喜者，其與上博一二，竟本是一卷，前後對接之後，内容一字不差，完美綴合。

此卷百年前被拆分，今逢盛世，偶然在釋校間，幸得「破鏡重圓」，誠爲難得之奇緣。爲此，遂將故宫藏草書《法華玄贊》卷二，復與國圖藏九六八號唐人行草書《法華玄贊》卷二，並《大正藏》之録文，一一對校，注其異同。

〔一〕《上海博物館藏敦煌吐魯番文獻》（二），上海古籍出版社，一九九三，附録第三頁。

該卷書法特點鮮明，故宫本係首次據高清圖版彩印，字體清新俊逸，上博本因原本已難找尋，係據此前黑白縮印本翻印，筆道顯得厚重拙實，觀之各具其美，然本爲一卷，令人見之不忘。

第一，筆墨濃重，古意昂然。

此卷之字，筆墨濃重，筆道富有立體感。字形間架，每覺與智永草書《千字文》似一家書風，字字認真，藝術氣息濃厚。

觀其點畫粗壯，奪人眼目，如「一、三、下、馬、金、心、忍、食、乘」，敢於按筆，粗壯而不臃腫。可謂横取粗、點敢大，但靈活自然，打破「書貴瘦硬方通神」的局限。

觀其結字，章草古雅拙壯之趣，自然融入寫卷之中。典型者如「花、足、定、凡、亂、正、尤、進」之浮鵝勾，足稱銀勾蠆尾。再觀其「門、八、入、來、終、以」之形，皆可從古帖中尋其蹤迹，隸意厚重，道勁有力，誠爲難得。

第二，使轉靈活，勁潤交融。

草書貴使轉，而此卷草字之使轉尤爲靈活。試看「巧、浄、中、劑、於、因、外、好、服、若、屬」之轉，皆圓潤而遒勁。精准到位，美麗多姿，穿插巧妙，穩當自然，遠而望之，字如春花。

第三，俗字等異體字可見傳承。

魏晉南北朝以來，俗字叢生，此卷亦多見之，如「休」作「休」，「怨」作「悉」。「幔」「幰」之「巾」

皆作「忄」。「害」之「丰」爲二横。「究」上爲「宀」下爲「丸」。「美」下爲「火」。「學」作「斈」。「凡」上加撇。「蝨」下衹有一「虫」。「惱」右旁「忄」爲「火」。「疲」之「疒」作「广」。「貌」作「貇」。「逆」作「逆」。「卷」作「弓」。

以上字樣，若日後收集而編成文字編，可解今日許多學習古帖之惑。

（陳志遠　吕　義）

圖書在版編目(CIP)數據

法華玄贊. 卷二 / 吕洞達, 吕義編著. --北京:
社會科學文獻出版社, 2022. 2
(敦煌草書寫本識粹 / 馬德, 吕義主編)
ISBN 978-7-5201-9452-5

Ⅰ. ①法… Ⅱ. ①吕… ②吕… Ⅲ. ①大乘－佛經－
研究 Ⅳ. ①B942.1

中國版本圖書館CIP數據核字(2021)第249378號

·敦煌草書寫本識粹·
法華玄贊卷二

主　　編 / 馬　德　吕　義
編　　著 / 吕洞達　吕　義

出 版 人 / 王利民
責任編輯 / 胡百濤　周雪林
責任印製 / 王京美

出　　版 / 社會科學文獻出版社·人文分社(010)59367215
地址: 北京市北三環中路甲29號院華龍大廈　郵編: 100029
網址: www.ssap.com.cn
發　　行 / 社會科學文獻出版社(010)59367028
印　　裝 / 北京盛通印刷股份有限公司

規　　格 / 開　本: 889mm×1194mm 1/16
印　張: 17　字　數: 141千字　幅　數: 108幅
版　　次 / 2022年2月第1版　2022年2月第1次印刷
書　　號 / ISBN 978-7-5201-9452-5
定　　價 / 498.00圓

讀者服務電話: 4008918866